蝶变

乡村振兴典型路径

黄承伟 编著

DIEBIAN

XIANGCUN ZHENXING

DIANXING LUJING

广西人民出版社

图书在版编目（CIP）数据

蝶变：乡村振兴典型路径 / 黄承伟编著 . -- 南宁：广西人民出版社，2025. 1. -- ISBN 978-7-219-11837-5

Ⅰ. F320. 3

中国国家版本馆 CIP 数据核字第 20242S093Q 号

出品人　唐　勇
策　　划　赵彦红
执行策划　梁凤华　覃结玲
责任编辑　覃结玲
责任校对　文　慧
版式设计　王程媛
封面设计　广大迅风艺术
　　　　　　　　张原海

出版发行	广西人民出版社
社　　址	广西南宁市桂春路 6 号
邮　　编	530021
印　　刷	广西民族印刷包装集团有限公司
开　　本	787mm × 1092mm　1 / 16
印　　张	15
字　　数	160 千字
版　　次	2025 年 1 月　第 1 版
印　　次	2025 年 1 月　第 1 次印刷
书　　号	ISBN 978-7-219-11837-5
定　　价	58. 00 元

前　言

民族要复兴，乡村必振兴。没有农业农村现代化，社会主义现代化是不全面的。党的二十大报告明确指出，从现在起，中国共产党的中心任务就是团结带领全国各族人民全面建成社会主义现代化强国、实现第二个百年奋斗目标，以中国式现代化全面推进中华民族伟大复兴。中国式现代化，是人口规模巨大的现代化，是全体人民共同富裕的现代化，是物质文明和精神文明相协调的现代化，是人与自然和谐共生的现代化，是走和平发展道路的现代化。党的二十大对新时代新征程全面推进乡村振兴作出新部署。2024 年中央一号文件强调，推进中国式现代化，必须坚持不懈夯实农业基础，推进乡村全面振兴。要求把推进乡村全面振兴作为新时代新征程“三农”工作的总抓手，以加快农业农村现代化更好推进中国式现代化建设。党的二十届三中全会提出，必须统筹新型工业化、新型城镇化和乡村全面振兴。

近年来，各地各部门在全面实施乡村振兴战略的实践中，收集了丰富的实践案例。学习宣传贯彻党的二十大和二十届三中全会精神，帮助广大读者进一步理解乡村振兴战略，既需要通俗易懂的理论解读，也需要以典型案例的形式，生动阐释巩固拓展脱贫攻坚成果、增强脱贫地区和脱贫群众内生发展动力、一体推进农业现代化和农村现代化、建设宜居宜业和美乡村等战略部署的理论内涵和实践路径。这正是本书创作的动因。

本书以习近平总书记对乡村振兴作出的新指示、党的二十大及二十届三中全会对推进乡村全面振兴的新部署为主线，以生动展示我国建设农业强国、加快推进农业农村现代化、推进乡村全面振兴进程中的一个个典型事例为主要形式，从巩固拓展脱贫攻坚成果、拓宽农民增收致富渠道、聚力发展乡村特色产业、培育乡村新产业新业态、有效探索乡村建设新路径、加强和改进乡村治理、组织振兴引领乡村振兴、增强推进乡村振兴合力等8个方面，讲述了各省（区、市）实施乡村振兴战略中有特色、有亮点、有成效的做法。全书以典型村镇的发展变化为缩影，展现了中国式现代化视野下乡村全面振兴进程中农业、农村、农民现代化的成果，为各地推进乡村全面振兴提供了可学习借鉴、可复制推广的经验。

本书选取的40个案例覆盖全国，都是从各省（区、市）乡村振兴部门推荐的案例中精选的，书中对每个案例都进行了简化、改写或部分重写。每章都有理论解读，主要阐释习近平总书记关于“三农”工作的重要论述，对本章中典型案例的基本经验、主要启示进行综合性阐述。每个案例由导读、做法经验、点评等部分组成。导读部分为各个案例的内容提要；做法经验部分为介绍各地是如何做的，有什么成效；点评部分旨在帮助读者提纲挈领地学习、理解案例的做法和经验，为各地学习借鉴提供简明扼要的指引。全书逻辑严密，各章相对独立而又相互关联，是对习近平总书记关于“三农”工作的重要论述和党的二十大和二十届三中全会精神的实践解读。

本书以通俗易懂、生动鲜活的语言，以一系列经一线实践检验有效的典型案例，呈现了各地区各部门贯彻落实党中央关于乡村振兴决策部署的探索和生动实践，是一本以案例呈现理论创新、政策落实与具体实践的著作，旨在帮助广大读者更深入地理解乡村全面振兴的方方面面，有助于各地在推进乡村全面振兴工作中进一步开拓创新，因地制宜地探索更多符合实际的乡村全面振兴模式，推动我国农业农村现代化迈出新步伐。

目 录

第 1 章 巩固拓展脱贫攻坚成果

第 2 章 拓宽农民增收致富渠道

第 3 章 聚力发展乡村特色产业

第 4 章　培育乡村新产业新业态

第 5 章　有效探索乡村建设新路径

第 6 章　加强和改进乡村治理

第 7 章　组织振兴引领乡村振兴

第 8 章 增强推进乡村振兴合力

第 1 章

巩固拓展脱贫攻坚成果

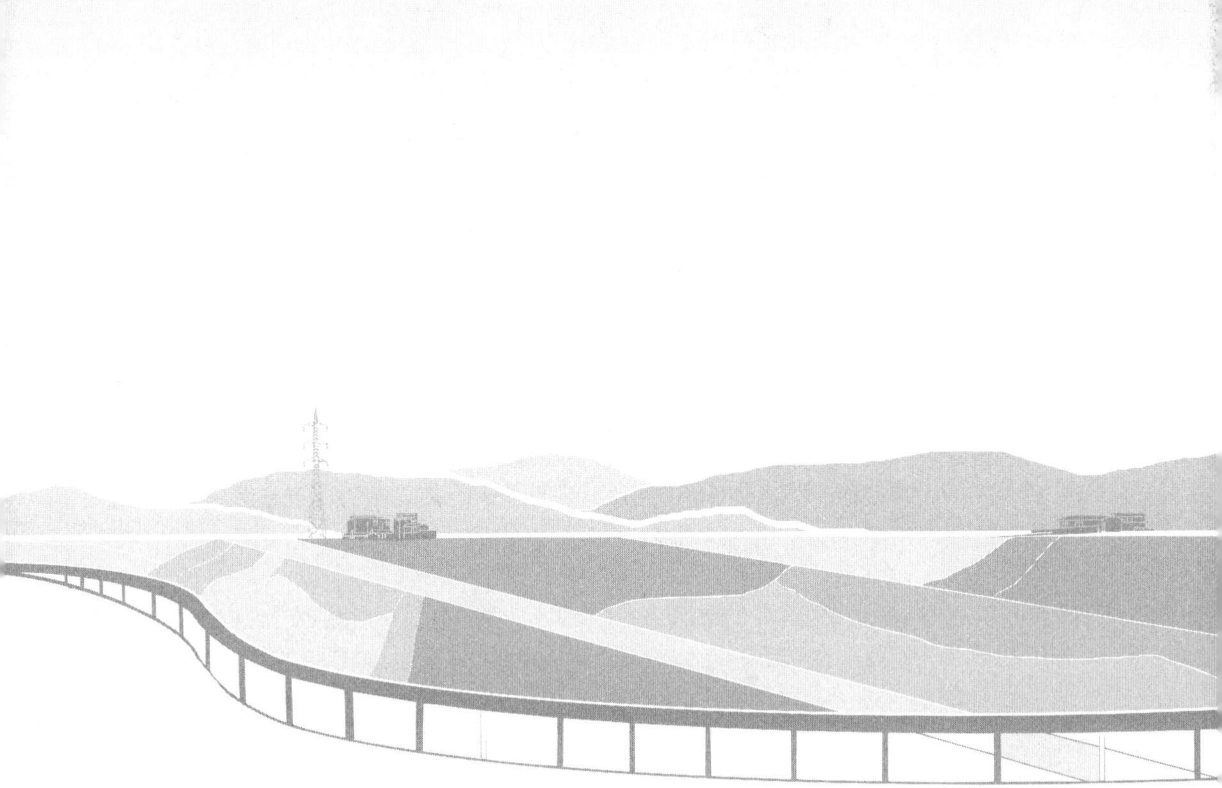

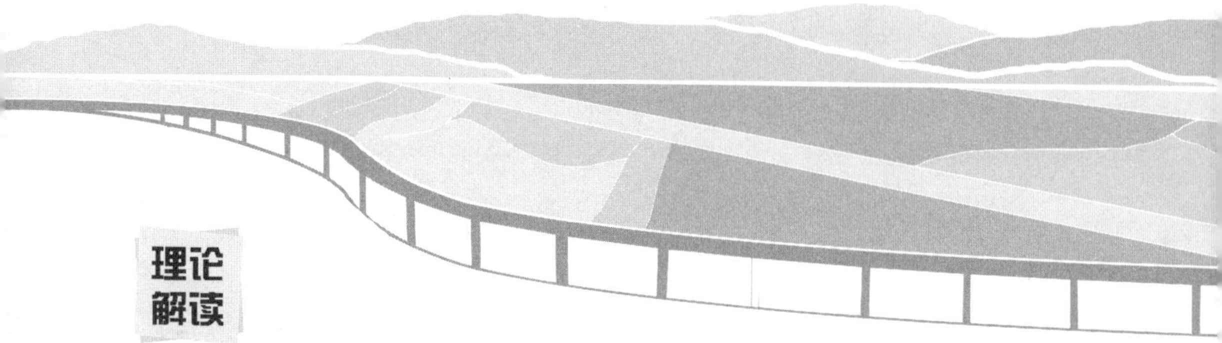

理论解读

习近平总书记指出，脱贫攻坚战的全面胜利，标志着我们党在团结带领人民创造美好生活、实现共同富裕的道路上迈出了坚实的一大步。同时，脱贫摘帽不是终点，而是新生活、新奋斗的起点。要切实做好巩固拓展脱贫攻坚成果同乡村振兴有效衔接各项工作，让脱贫基础更加稳固、成效更可持续。[①]巩固拓展脱贫攻坚成果是全面推进乡村振兴的底线任务。打赢脱贫攻坚战是新时代十年最具标志性的重大成就之一，脱贫攻坚成果能否巩固好、拓展好，直接关系近 1 亿脱贫群众的生产生活水平的高低，事关“四个自信”和中国共产党国际形象的好坏，须臾不可放松。打赢脱贫攻坚战，解决了脱贫地区脱贫人口“两不愁三保障”和饮水安全问题，但是巩固拓展脱贫攻坚成果依然面临诸多挑战，主要是：脱贫地区和人口的内生动力和自我发展能力不强，部分脱贫人口、边缘人口的发展基础不够牢固，在生产发展、生活保障、市场应对等方面仍然相对脆弱，一些地方及部分脱贫人口甚至存在较高程度的返贫风险。

本章选取了 5 个案例，分别是：《山东聊城：大数据智慧赋能蹚出防返贫新路子》《内蒙古林西：“乡村振兴 + 智慧养老”模式夯实乡村振兴基础》《西藏卡若：“13445”举措巩固脱贫攻坚成果》《陕西镇巴：念好“五字诀”做好扶持大文章》《青海都兰：路衍经济巩固拓展脱贫成果》。这些案例的共同做法：一是紧紧抓住巩固拓展脱贫攻坚成果有效衔接乡村

① 习近平：《在全国脱贫攻坚总结表彰大会上的讲话》（2021 年 2 月 25 日），《人民日报》2021 年 2 月 26 日。

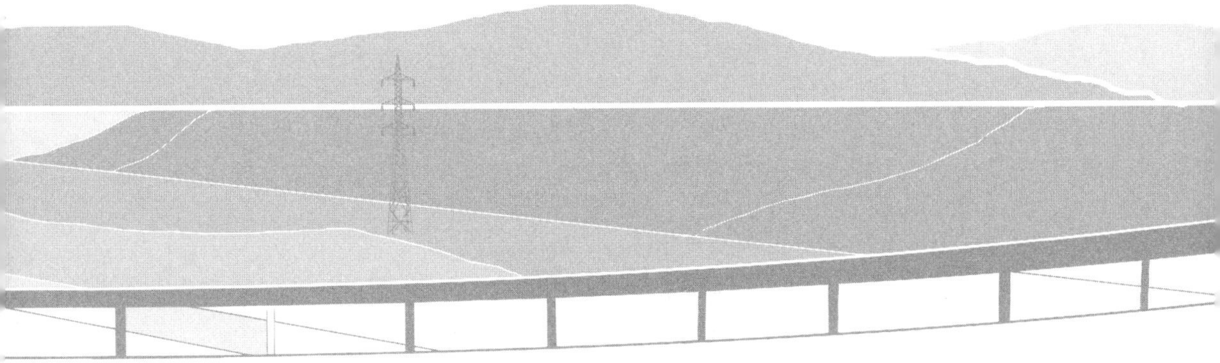

振兴存在的突出短板和痛点、难点问题，充分挖掘与运用资源禀赋和优势条件，实现从稳定脱贫到可持续发展、协调发展的顺利转型。二是在脱贫攻坚过渡期内对现有帮扶政策进行延续、优化、调整，确保政策连续性，形成良好的政策叠加和联动效应，探索建立健全巩固拓展脱贫攻坚成果长效机制，为全面推进乡村振兴奠定坚实基础。三是充分利用大数据手段、智慧工具、信息平台等科技手段，为防止返贫动态监测和帮扶工作、易地扶贫搬迁后续扶持工作，以及脱贫人口和农村低收入人口教育、医疗、基本住房、供水和养老等各项保障工作提供支撑。这 5 个案例的实践经验及成效有以下启示：其一，从脱贫到稳定脱贫再到逐步富裕，是一项艰巨、复杂、长期的系统工程，不可能一蹴而就，需要将短期目标与长期目标、阶段性成果与总体性规划有机结合，在脱贫与发展的辩证统一中接续推动脱贫地区发展和乡村全面振兴。其二，脱贫攻坚战取得全面胜利后，贫困的空间、群体分布以及表现、成因、特征等都发生了根本性变化，需要以巩固拓展脱贫攻坚成果同乡村振兴有效衔接为抓手，有力、有效把脱贫成果巩固住，用发展办法拓展脱贫攻坚成果，逐步实现同乡村振兴有效衔接。

学习借鉴这些案例的做法和经验时，要因地制宜，找准本地存在的短板弱项，并与相关政策要求进行比对，寻找突破口。要精准理解和把握这些案例的创新做法、要点及其支撑、约束条件，为创新兼具科学性与前瞻性、合理性与可行性的工作机制提供参考。

山东聊城：大数据智慧赋能 蹚出防返贫新路子

导读

山东省聊城市积极探索巩固拓展脱贫攻坚成果同乡村振兴有效衔接的路径，在全省率先开发建设集动态监测、三色预警、上下联动、精准帮扶、政策落实于一体的防止返贫暨乡村振兴智慧云平台，运用大数据技术实现对返贫风险的精准识别、及时发现、有效化解，进一步健全完善防止返贫监测预警机制，有效防范化解返贫风险。

脱贫攻坚任务完成以后，山东省聊城市积极探索巩固拓展脱贫攻坚成果同乡村振兴有效衔接的各种路径，有效防范化解返贫风险。

一 资源整合，打造互通共享的立体式信息平台

遵循“统筹规划、协同建设、资源共享、分级负责”原则，整合各类数据资源，实现信息互通共享、精准对接。

一是实现行业数据全面共享。通过跨部门的信息化建设，汇聚医保、民政、残联、住房和城乡建设、应急管理等部门信息，实现低保、

临时救助、新增残疾人、危房改造等方面数据的定期更新、动态交换，准确掌握全市因病、因残、因灾、因意外等支出骤增、收入骤减的人员信息，进一步整合数据资源，打破条块分割的现状，建立横向到边、纵向到底的信息资源共享平台和信息处理系统，提升数据的整合覆盖、分级管理、统筹利用和共享水平，提升监测工作效能。

二是实现重点业务全面覆盖。平台涵盖 5.6 万户、10.5 万名脱贫享受政策群众的详细信息，录入 2016 年中央、省、市、县四级资金投入的财政专项扶贫资金建设的 1425 个存量扶贫项目具体信息；主要监测项目的合同协议期限、收益收取、现场运营状态等情况，实现项目在哪里，资金落实到何处、做什么，项目进展程度以及取得的成绩等清晰可见、一目了然；便于全面、动态掌握资金使用情况，进一步精准助力防返贫、促振兴工作。

三是实现线上线下全面对接。线上平台通过数据分析自动识别发现风险点，形成即时监测、即时比对、即时帮扶、即时消除风险的全闭环监测预警帮扶管理系统;线下建立农村党员联动互助“1+N”机制，每村明确一名党员担任防止返贫信息监测员，做好户情信息采集核验工作，并进行即时更新。至 2022 年底，全市共落实防止返贫信息监测员 2166 名，精准核实问题线索 2 万余条。

二 智慧监管，打造实时动态的全方位监测平台

紧盯巩固脱贫成果关键环节，开展实时在线监测，做到问题早发现、早干预、早解决。

一是加强防止返贫监测。合理设置风险人群认定标准，对因病、因灾等自负费用或损失金额超过 3 万元、新纳入低保、新增持残疾证等人员，同步启动线上数据比对和线下调查核实，分析研判返贫致贫风险，第一时间予以干预。2022 年预警数据有 4 万余条，并及时进行

核查反馈。冠县柳林镇梁庄村村民王某2022年因做心脏支架手术花费6万余元，高额的医疗费用让整个家庭陷入困境，大数据平台成功将其锁定，于当月将其纳入动态监测帮扶范围，防止了其因病返贫。

二是加强资金项目监测。实现对项目运维情况“天眼”管控，遇到资产闲置、合同到期等问题，系统自动推送工单至资产管理部门。2022年，全市1425个存量项目中，230个项目安装视频监控，771个项目每月上传现场图片，424个光伏电站项目通过全国光伏帮扶信息监测系统进行电量分析。

三是加强政策落实监测。围绕“两不愁三保障”等核心指标开展数据分析比对，实时发现并反馈政策断档等问题，实现各项政策应享尽享、应助尽助。临清市松林镇丁庄村脱贫户张某为肢体四级残疾人，残疾证于2021年8月23日到期，平台提前3个月即发出预警提示信息，确保其按期换证。

三 即时预警，打造高效便捷的精准化帮扶平台

依托平台建立“预警—反馈—帮扶”工作流程，加快帮扶政策落实，提升群众满意度。

一是建立“红橙黄”预警机制。情节轻微或群众议论、反映较多的苗头性问题，系统将启动黄色预警。黄色预警对象名单被推送到乡镇核实，发现有商品房或大额存款等情况的列入负面清单，无负面问题的转为橙色预警。橙色预警对象为待核查人群，由县、镇、村逐级调查核准，不符合条件的调整为正常状态，符合条件的转为红色预警。红色预警对象为纳入监测帮扶人群，由所属乡镇落实帮扶措施。

二是建立县、镇、村联动响应机制。平台反馈预警信息后，帮扶干部、防止返贫信息监测员及时入户走访，迅速落实针对性帮扶措施。如东阿县刘集镇位山村村民殷某身患慢性肾功能衰竭，2022年1月又

因肺炎住院，基本丧失劳动能力，家庭收入大幅缩减。平台发出预警后，镇、村干部迅速响应，协助其落实医疗保险、项目分红等系列政策，及时缓解了其家庭生活压力。

三是建立“一键申报、在线受理”机制。开发聊城市防返贫监测自主申报小程序，扩大政策宣传范围，畅通农户自主申报渠道，确保应纳尽纳、应扶尽扶。同时，对于自主申报但不符合认定标准的群众，逐一书面告知审核结果和不纳入的原因。

四是建立绿色通道机制。对于无负面问题的预警对象，同时因灾或因意外事故等出现返贫致贫风险、生活陷入严重困难的，可通过绿色通道进行先行救助并落实帮扶措施，后履行认定程序。2022 年 7 月，东昌府区张炉集镇通过平台预警信息发现一名普通农户突发疾病，正在住院治疗，疑似属于突发严重困难情况，区级乡村振兴局立即组织工作人员进行入户核实，初步无异议后随即开通绿色通道对其进行帮扶，使该户享受了“先看病后付费”等政策，及时解决了燃眉之急。

四 科学管理，打造系统完善的综合性服务平台

围绕辅助决策、数据安全等方面不断完善平台功能，全面提升综合性服务能力。

一是提供决策分析。平台具有防返贫数据大屏展示功能，结合地理信息系统（GIS），可实时展示返贫预警风险、帮扶任务落实等情况，多维度勾勒风险监测对象全貌。与数据库对接，自动生成各类工作报告，为科学制定防返贫及乡村振兴政策提供了数据支撑。

二是强化过程监督。借助大数据平台，将督导调度工作由线下转到线上，对预警帮扶事项实行清单式管理，动态跟踪落实情况，实现全程留痕可追溯，倒逼各级各部门提高工作执行力。

三是严保数据安全。平台所汇集数据均符合相应的信息资源标准，

并统一数据统计和分析口径，实现“数出一门”。采取一整套安全管理模式，防止非法用户入侵和个人隐私泄露，确保了系统安全可靠运行。

点评

山东省聊城市通过建设防止返贫暨乡村振兴智慧云平台，及时发现返贫致贫风险点和各项政策落实、扶贫资金管理、扶贫项目督导情况，实现“四个确保”，即确保不发生返贫致贫、确保各项政策落实到位、确保扶贫资金项目不出问题、确保巩固拓展脱贫攻坚成果同乡村振兴有效衔接，为其他地区开展相关工作带来了有益启示。一是防返贫动态监测和帮扶工作要坚持重点群众与全面覆盖相结合。不让任何一个群众在全面小康的路上掉队，既要突出重点群众的精准监测，也要防止普通群众返贫致贫。二是防返贫动态监测和帮扶工作要坚持事前预防与事后帮扶相结合。通过提前发现并识别存在返贫致贫风险的人口，采取针对性的帮扶措施，防止脱贫人口返贫、边缘人口致贫。一旦出现返贫和致贫，及时纳入监测帮扶，积极落实相关帮扶措施，做到早发现、早预警、早帮扶。

内蒙古林西："乡村振兴 + 智慧养老"模式夯实乡村振兴基础

导读

为了巩固农村老年脱贫人口的脱贫成效，实现社会发展成果与脱贫老年人共享的美好愿景，内蒙古自治区林西县探索实施"乡村振兴 + 智慧养老"模式，将以乡村振兴为基础的智慧养老内涵扩展为智慧移民、智慧服务、智慧用老、智慧助老、智慧孝老等 5 个方面，同时实施党建引领智慧养老，促进各方资源健康规范发展，凝聚全社会力量助力脱贫老年人改善生产生活条件和精神面貌，实现了全县老年脱贫人口高质量发展的目标，促进了社会公平，维护了社会稳定。

林西县位于内蒙古自治区赤峰市北部。2021 年底，林西县脱贫人口中 60 周岁及以上的有 11657 人，占现有脱贫人口的 62.37%，脱贫人口已步入老龄化，面临着经济贫困、代际矛盾、养老无保障、精神贫困等问题。同时，部分老年脱贫人口所居住的村落生产生活条件较差，医疗、文化等公共服务设施较为落后。如何凝聚全社会力量助力脱贫老年人，实现全县老年脱贫人口高质量发展，成为林西县的新课题。为此，林西县探索了多种路径。

一　智慧移民，乐享互助新生活

一是创新资金管理使用方式。把危房改造、移民搬迁、生态移民、互助幸福院建设等资金集中起来，捆绑使用。采取“整合资金、集中使用，产权归公、动态流动，独立生活、互助服务”的模式，选择在条件较好、辐射周边村组多的行政村建设互助幸福院，有效解决了资金使用分散及农村脱贫老年人“住房难”的问题。

二是创新互助服务积分的管理模式。鼓励老年人成为互助服务组织的一员，为身边需要服务的老年人服务，每位老年人既是服务者，也是被服务对象。让健康的老年人去为羸弱的老年人服务，年龄较小者去帮助年迈者，有一技之长的老年人去帮助需要技能支持的老年人。互助幸福院内的老年人可以通过参加各项活动或提供互助服务获得一定的积分（报酬），从而换取自己需要的其他养老服务，提高生活质量。

二　智慧服务，开启康养云生活

一是打造互助融合发展模式。将机构养老、社区养老、居家养老3种养老服务模式相结合，加强互助幸福院养老服务设施建设。通过日间照料中心或养老服务站，为老年人提供日托、“六助”（助餐、助浴、助洁、助医、助乐、助急）、失能护理、医疗保健、精神慰藉、休闲健身、老年教育、法律咨询、图书借阅等服务，采取“互助幸福院＋康养结合”的方式，为老年人提供基本的生活保障和保健护理服务。

二是综合网格化、信息化、社会化3种管理方式。采用城镇社区网格化管理手段，提高互助幸福院公共服务的精准化管理水平，建设林西县农村智慧养老服务信息平台，打造多层次农村智慧养老服务体系，为农村互助养老提供“点餐式”就近便捷服务，把互助幸福院打造成一个服务功能完善、互助养老呼叫方便、管理手段先进的现代化农村养老机构；引进和培育有资质的养老服务组织（企业），为老年人提供专业服务，实行社会化运作和市场化经营。

三是有效衔接相关政策。将养老服务政策与乡村振兴、农村公共卫生医疗、城乡居民养老保险、社会慈善爱心等 4 个方面政策相结合，最终实现农村养老有保障。同时，推动落实“孝扶共助”、互助服务积分、政府购买服务 3 项措施，确保农村互助幸福院形成可持续的养老服务长效工作机制。

三　智慧用老，激发脱贫新动能

一是推行“互助幸福院 + 产业园区”措施。建设种植业、养殖业产业园区，有劳动能力的脱贫老年人可在园区内务工，增加收入。

二是设立公益性岗位。如 2022 年把林西德青源农业科技有限公司年租金和光伏项目收益金共计 719.2 万元作为公益性岗位工资，为全县 1304 名老年脱贫人口提供就业机会，年人均增收 8000 元。这两种政策的叠加实施，在不同程度上激发了脱贫老年人的内生动力，拓宽了其增收渠道，从而提高了脱贫老年人的生产生活质量。

四　智慧助老，兜住民生底线

一是林西县充分利用地域内的阳光资源，将光伏产业覆盖到全县所有的互助幸福院，年人均增收 1612 元。

二是将全县 11657 名脱贫老年人全部纳入低保、五保救助范围，人均年收入 2700 元。

三是将全县所有老年脱贫人口全部纳入社会养老保险帮扶范畴，参保费全部由政府代缴，人均年收入 3600 元。

四是计划设立 380 万元巩固提升工程补贴，为全县 3800 名无劳动力或丧失劳动能力的脱贫老年人每人每年发放 1000 元生活补贴。

五是实施精准筛查、精准治疗、慢病补偿、大病兜底的健康扶贫工程，全县所有脱贫老年人均享受健康扶贫政策，综合报销比例达89.25%。

五 智慧孝老，精神贫困得摆脱

一是推行“孝扶共助”。采取干部捐款、企业与社会人员捐助、政府节支资金补充等筹资方式，每年筹集不低于15万元的“孝扶共助”基金，60周岁及以上的建档立卡脱贫人口在子女自愿参与、签订承诺书并主动认缴赡养金后可享受“孝扶共助”政策，保证每位60周岁及以上脱贫老年人每年增加1200元、1600元、2000元不等的收入，为脱贫老年人送上双保险。

二是开展专项惩治行动。依法在全县范围内开展子女不履行赡养老年人义务造成父母返贫现象专项惩治行动，用鲜明的导向教育引导群众传承中华民族的传统美德。

三是丰富老年人业余文化生活。在互助幸福院配套建设文体活动室和活动广场，建立开放的书画室、图书阅览室、棋牌室等，为脱贫老年人提供娱乐学习的场所；组织各类戏曲和秧歌演出、文体比赛等活动，定期开展主题讲座，不失时机地让脱贫老年人开展力所能及的工作，使脱贫老年人老有所乐、老有所学、老有所为。

六 智慧党建，引领互助幸福院规范健康发展

实施“党建+智慧养老”新模式，促进各方资源规范健康发展。针对互助幸福院内人口老龄化，空巢、独居老年人多，生活困难老年人多且亟须社会组织及社工人员照料的情况，加强党的集中统一领导，建立“五方联动”工作机制，即以党组织为统领、社区网格化管理为平台、社会组织为载体、社工人员为支撑、社区党员志愿者为补充，促进智

慧养老管理与基层党建工作同步、社会组织孵化与党组织发展同步、社工培育培养与党员管理服务同步。聚焦老年人养老服务需求，整合居民、服务组织（单位）、共建单位等多方优势资源，建立基层党组织，成立党员互助志愿者队伍，精准投放到社区互助网格中，党员带头引领养老服务工作规范健康发展。

点评

内蒙古自治区林西县通过建设互助幸福院，将老年脱贫人口集中起来供养，将机构养老、社区养老、居家养老 3 种养老服务模式相融合，将网格化、信息化、社会化 3 种管理方式有机结合起来，使脱贫老年人的生活质量得以改善，生活条件得以提高。同时，配套实施一系列保障措施，增加老年脱贫人口收入，实现了乡村振兴与民生养老双赢。总体来说，林西县实施“乡村振兴 + 智慧养老”新模式，探索出了一条现代农村养老新路径，为巩固拓展脱贫攻坚成果同乡村振兴有效衔接奠定了坚实民生基础，为有力、有效推进乡村全面振兴注入了一剂“强心剂”。

西藏卡若："13445"举措巩固脱贫攻坚成果

导读

西藏自治区昌都市卡若区于 2017 年 10 月 29 日实现脱贫摘帽。近年来，卡若区将巩固拓展脱贫攻坚成果作为全区各级党员领导干部的首要任务，通过采取"用好一个平台，夯实三项基础，增强四个效益，稳推四项政策，落实五项任务"的"13445"举措，以更有力的行动、更扎实的工作，持续发力、久久为功，进一步巩固提升脱贫攻坚成果。

近年来，西藏自治区昌都市卡若区积极探索建立巩固拓展脱贫攻坚成果新机制，形成了可供学习借鉴的样本。

一 用好一个平台

一是拓展系统服务功能。结合"红、黄、蓝、绿"四级分类管理模式，进一步完善"5+N"和专项组相关扶贫措施与数据组底层数据的互联、互通、互享，减少人为因素对数据处理的不当影响，减少填报数量和频次，着力将建档立卡贫困户档案资料向无纸化模式转变，实现掌上填报、掌上调度、掌上落实。

二是打牢数据精准基础。利用系统智能纠错功能，再次对卡若区所有建档立卡贫困群众开展核查，每季度进行数据清洗工作。

三是实现贫困人口全部脱贫。利用系统个性化需求操作，进一步认定未脱贫户、稳定脱贫户、返贫脱贫户、边缘贫困户并进行精确贫困人口动态统计监测，准确把握贫困人口致贫原因、脱贫路径、退出程序，实现贫困人口全部脱贫。

四是探索开发返贫收入商业保险。积极对接中国人民人寿保险股份有限公司昌都市中心支公司，综合运用财政补贴、扶贫资金扶持等多种方式，大力推行返贫收入商业保险保障模式，将卡若区建档立卡贫困群众全部纳入返贫收入商业保险保障范围。即以保障建档立卡贫困群众达到脱贫线为基本任务的标准参加返贫收入商业保险，如触发保险赔付，按照相关保险赔付标准进行赔付，保障已脱贫人口达到脱贫线。

二 夯实三项基础

一是夯实自我发展基础。坚持“志智双扶”，正确处理外部帮扶和群众自身努力的关系，积极引导群众增强主体意识，通过“营造一种氛围、建立一套机制、培养一支队伍、挖掘一批典型”等方式，教育群众、感染群众，帮助群众转观念、谋发展、学技能、促增收，摆脱对脱贫政策的单纯依赖，用自己的辛勤劳动实现真正意义的脱贫致富。

二是夯实基层组织基础。以卡若区村级组织活动场所标准化建设为契机，建好用好村级组织活动场所，用好环境、好平台服务群众、吸引群众，全面增强村级组织活动场所的吸引力、凝聚力和感召力。同时全力帮助软弱涣散村级党组织进行整顿转化，通过更换一批、培训一批、指导一批的方式，推动软弱涣散村级党组织突出问题的解决，切实发挥基层党组织、党员在乡村振兴领域的战斗堡垒作用和模范带头作用。

三是夯实社会帮扶基础。按照“红、黄、蓝、绿”四级分类管理，实行分级帮扶，采取多层次重点帮扶，实现从“一对一”帮扶向立体式帮扶转变。始终坚持“四个联系、五个帮送”，每季度常态化、规范化开展帮扶工作，重点做好政策宣讲、帮扶计划制订、政策落实督促等，将干部送钱送物的物质帮扶转变为送措施、送思想、送观念的精神帮扶，切实提升帮扶成效。制定出台结对帮扶激励、奖励办法，深入推进“百企帮百村”活动，协调驻昌都市企业、部队，继续发挥企业、部队反哺社会、拥政爱民的良好风尚；鼓励卡若区发展改革委、住房和城乡建设局、交通运输局联系的企业吸纳群众投工投劳；鼓励卡若区工商联引导更多的非公有制企业参与到卡若区基础设施建设、农牧民技能培训中。

三 增强四个效益

一是增强产业项目效益。正确处理好“城镇就业与就近就地、不离乡、不离土、能干会干”的关系，对现有产业项目进行再梳理、再分析，把握市场规律，用市场配置资源的方式，巩固一批、新建一批、淘汰一批，优化种植结构，理顺养殖思路，做实资源开发，发挥农改优势，做到有进有退，增加产业项目效益，实现稳定脱贫。同时，按照《昌都市脱贫致富产业发展项目管理暂行办法》，对项目立项、审批、实施过程进行全程监管，严格村申报、乡审核、县（区）审定的程序操作，坚决杜绝“人情项目”发生。按照《卡若区产业振兴常委分片包干实施意见》，实行区委常委分片督导抓、产业组盯点抓，齐抓共管、分工负责，破解产业困境，促进产业振兴，切实把“死”的产业带“活”、“活”的产业带“旺”，形成产业发展特色亮点突出、效益分红明显的持续健康发展局面。

二是增强易地搬迁成效。加快推进安置区建设，对全区各个易地搬迁安置区进行全面梳理、查漏补缺，确保了入住巩固率达 100%；抓好安置区附属配套设施整改，对全区所有易地搬迁安置区的“十项提升”工程特别是是否用上了稳定电、干净水等进行全面梳理、整改；推进易地搬迁安置区乡风文明建设，培养群众文明健康的生活习惯，帮助涉迁群众尽快融入新环境、共建新社区；做好易地搬迁后续收尾工作，由卡若区自然资源局负责，结合土地增减挂钩政策，积极开展对所有迁出宅基地等建设用地和已腾退、废弃土地的复垦工作，加强组织实施高标准农田、土地等工程建设，尽可能保障搬迁群众农业生产基本土地等生产资料，并根据国家新一轮退耕还林总体部署，由卡若区林业局（今卡若区林业和草原局）负责，加快对全区所有迁出地25度以上坡耕地实施退耕，通过自然保护区建设等工程和水土保持等自然措施，对迁出区进行保护修复。

三是增强就业创业收入。按照“帮助有条件的家庭至少一人掌握一门实用技术”原则，开展巩固培训，促进转移就业。

四是增强“十项提升”成效。以“补短板、强筋骨”为目标，着力加强道路、水利、电力、通信等基础设施建设，打通进村入户“最后一公里”，真正让公共服务到家到户。

四　稳推四项政策

一是稳定推行健康扶贫政策。以免费孕前优生健康检查、出生缺陷干预、儿童营养改善为抓手，进一步做好“两降一升”工作。全面推进慢性病综合防控工作，继续做好农牧区合作医疗大病统筹报销工作，开展大病集中救治工作，积极开展合作医疗、人保财险、民政救助报销医疗费用后的医疗政策兜底工作。开展村级组织标准化建设的同时，加强全科医生培训，同步打造标准化卫生室，实现全部行政村标准化卫生室全覆盖。

二是稳定推行生态补偿政策。大力实施国土绿化、退耕还林、防护林体系建设、重点区域造林等工程项目，进一步巩固消除“无树村、无树户”成果；加快生态富民步伐，积极兑现森林生态效益补偿、草原生态保护补助奖励、退耕还林还草和退牧还草补助等；对全区近2万名生态岗位人员实行动态岗位调整，切实将生态岗位的政策用实、用好、用活，并建立健全生态岗位人员的工作考核办法和机制，进一步加大对生态岗位人员的日常履职情况的考核，树立鲜明的“奖勤罚懒”导向。

三是稳定推行社保兜底政策。对农村低保对象和建档立卡户中60岁及以上的老年人、重度残疾人、长期卧床病人、单亲家庭和16岁及以下的困境儿童在发放保障金的基础上继续实施社会救助政策；以解决群众突发性、临时性、紧迫性生活困难为出发点，加强对重度残疾人、孤儿的生活保障及临时救助力度；进一步建立健全城乡医疗救助制度，优化审核审批程序，细化工作目标和任务，统筹各类救助资源，拓宽救助渠道，杜绝因灾、因病而导致返贫现象发生；继续对全区7116名低保户按照每人每年4450元的标准发放低保差额补助，并实行低保动态管理，确保“应保尽保、应退则退”。

四是稳定推行教育扶贫政策。立足义务教育优质均衡发展，以立德树人为根本任务，认真落实“5个100%”工作要求，加大办学条件改善力度，认真贯彻落实自治区、昌都市义务教育管理标准化示范学校创建工作要求，保障学生平等权益、促进学生全面发展、引领教师专业进步、提升教育教学水平、营造和谐美丽环境、建设现代学校制度，确保适龄儿童少年（除身体条件不允许外）义务教育普及率达100%，确保全区农牧民群众子女不因贫失学、不因学返贫。

五　落实五项任务

一是进一步加强东西部协作。加快推进与天津市静海区对口援助工作，做优做精规划，加大向北部乡村产业建设倾斜力度，根据“缺什么、补什么”和“适当留有余地”的原则，同步规划、同步建设一批教育、卫生等公共服务设施，力争公共服务水平接近西部地区平均水平。

二是继续保持“四个不变”。继续保持巩固脱贫成果的地位不变，把巩固脱贫成果摆在各项工作的重中之重位置；继续保持巩固脱贫成果的要求不变，形成好的工作机制，不降低工作标准，不减弱工作力度；继续保持巩固脱贫成果的责任不变，层层压实工作责任；继续保持巩固脱贫成果的措施不变，各级党委、政府主要领导每月至少有5个工作日专门抓巩固脱贫成果工作、督导组的日常督导和专项督查工作，以遍访脱贫对象行动带头转作风、接地气、查实情，了解脱贫群体实际需求，掌握第一手资料，发现突出矛盾，解决突出问题。

三是继续深化“四干”机制。围绕“干什么任务清楚、怎么干措施清楚、谁来干责任清楚、什么时间干完时限清楚”的“四干”机制，在脱贫攻坚期内，各级扶贫干部要按照政策规定保持稳定，一个萝卜一个坑，细化量化目标任务，建立完整的时间表和路线图，实施工程化管理，完善定期督查督办制度，确保按照时间节点完成既定目标任务。

四是继续强化督导检查。与乡（镇）、各专责组等层层签订全面巩固提升工作责任书，立下军令状，将巩固提升工作任务纳入年度目标考核内容。由卡若区纪委牵头，按照每季度一个专题的要求，采取定期检查、暗访督查、“回头看”等方式进行督导检查；进一步细化考核内容、量化考核指标，将考核结果作为考核评价和选拔任用干部的重要依据。对埋头苦干、实绩突出的党员干部，在评先选优、表彰奖励时优先推荐，在提拔使用时重点考核；对推诿扯皮、不作为、乱作为的党员干部，按照《中国共产党纪律处分条例》严格责任追究。

五是继续加大资金投入。充分用好党中央、国务院对西藏人民特殊的关心关怀，用好国家集中连片困难地区的政策机遇，加大精准扶贫本级财政配套资金投入力度，继续加强对扶贫资金的专项审计、管理，完善扶贫项目资金财务管理制度，严禁截留、挤占和挪用，确保扶贫项目资金廉洁、高效、安全。

点评

自 2021 年起，西藏全面开启巩固拓展脱贫攻坚成果同乡村振兴有效衔接工作，着力从防返贫监测、产业项目提质增效和易地搬迁后续扶持等方面入手，巩固拓展脱贫攻坚成果成效显著。昌都市卡若区将巩固拓展脱贫攻坚成果作为全区各级党员领导干部的首要任务，利用信息软件和大数据平台助力防返贫监测，因地制宜做好特色产业帮扶和易地搬迁后续帮扶，稳定推进健康扶贫、生态补偿、社保兜底和教育扶贫。卡若区的巩固拓展脱贫攻坚成果措施全面系统，落地见效，具有一定借鉴意义。

陕西镇巴：念好“五字诀”做好扶持大文章

导读

陕西省镇巴县立足县情实际，针对安置点“管理难、底子薄、基础差”、搬迁群众“增收难、办事难、融入难”等突出问题，创新推进举措，走出一条具有镇巴特色的后续扶持路子，有效破解了搬迁群众的后续发展困局，实现了搬迁群众从搬得出、稳得住，到逐步能致富的跨越式发展，帮助搬迁群众逐步过上好日子。

为扎实做好易地搬迁群众后续扶持工作，陕西省镇巴县立足县情实际，加强顶层设计，创新推进举措，狠抓政策落实，走出一条从“搬”字入手、“稳”字出发、“富”字着力、“融”字布局、“兴”字落脚，具有镇巴特色的后续扶持路子，让 9302 户 31621 名搬迁群众住上好房子、过上好日子。

一　紧盯后续扶持，建好搬迁台账

率先在全市建立易地扶贫搬迁后续扶持信息台账，信息到人、统计到户、合计到点，由镇（街道）汇总，行业部门把关，发展改革部门审核，摸清底数、按季更新。搬迁台账镇巴模式在全省推广。相关行业部门根据搬迁台账及延展事项，对搬迁户基本信息及就业创业、产业发展等帮扶政策落实情况进行实地核查，确保政策执行不走偏、群众利益不受损。同时，全面提升易地搬迁安置点基础设施水平，加强安置点社区管理，为搬迁群众提供全方位优质服务。常态化开展“进知解”活动，督促帮扶干部进一步了解后续帮扶落实、旧宅基地腾退等情况，深入宣传易地搬迁政策，有效提升搬迁群众对易地搬迁工作的认可度和满意度，让搬迁群众对未来生活充满信心，坚定决心搬出来。

二 突出三大重点，实现稳定发展

一是抓好搬迁入住。实行“县级领导 + 镇（办）党委书记 + 帮扶部门主要负责人”捆绑问责机制，强化帮扶干部责任，开展适应性帮教活动，解决搬迁群众入住后的实际困难，实际入住率达 100%。

二是抓好拆旧复垦。坚持“一户一宅、建新拆旧”政策要求，制订腾退方案，积极稳妥推进拆旧复垦工作，确保全面完成腾退任务，拆除复垦率达 100%。

三是抓好城乡建设用地指标增减挂钩。抢抓增减挂钩支持深度贫困地区脱贫攻坚的政策机遇，用旧宅腾退支撑增减挂钩项目，用增减挂钩交易收益支持易地搬迁后续发展。截至 2020 年底，实施增减挂钩项目 13 个 6415 亩（1 亩约合 666.7 平方米），实现跨省、省域内交易建设用地节余指标流转交易 2988.5 亩，产生收益 8.82 亿元，全面助力脱贫成果巩固和后续扶持建设。

三 坚持两业并举，夯实致富基础

一是拓宽就业渠道。围绕安置点建设社区工厂和就业帮扶基地，吸纳搬迁群众就地就近就业；开展足底健康、家政服务、康养护理等技能培训，组织转移就业；开发易地搬迁公益专岗；支持和鼓励外出务工搬迁劳动力返乡创业。例如，2021 年返乡创业大学生吴某注册成立汉中市琼林农业科技有限公司，在青水镇朱家岭村新建食用菌大棚 43 个，年生产袋料香菇 30.4 万袋、椴木鲜香菇 500 架，年产值 360 万元，带动 169 名搬迁群众入园务工，年人均增收 5000 元以上。

二是强化产业带动。根据安置点资源禀赋，围绕镇巴县“4+X”产业布局，强化专业合作社、家庭农场和种养大户支撑带动作用，健全“企业 + 合作社 + 基地 + 贫困户”等利益联结机制，努力增加搬迁群众收入。培育了一批新型经营主体，带动搬迁群众嵌入产业链条，户年均增收成效显著。例如，2022 年陕西怡溪春茶业科技有限公司依托 4 个茶园基地，直接带动 6 个安置点的 298 名搬迁群众发展茶产业，年人均增收 3800 元以上。

四 强化四园建设，帮助搬迁群众尽快融入

一是建设特色鲜明的产业园。按照特色产业布局，围绕安置点新建一批产业示范园、就业示范基地，带动搬迁群众入园务工。

二是建设治理有效的新家园。成立安置点党小组全覆盖，委派党建指导员，有序转接党组织关系。根据需要建立移民委员会、红白理事会，配备楼栋长，设置公益性岗位，让搬迁群众参与社区事务管理。对部分安置点引进专业机构进行物业管理，其余安置点实行群众自治管理，搬迁群众融入度有效提高。

三是建设功能齐全的新校园。完善安置点幼儿园、小学、中学及中心卫生院、村级卫生室，教育、卫生等公共服务全面加强。

四是因地制宜建设小菜园。通过流转安置点周边集体土地、弃耕地、撂荒地，充分利用产业园区土地，实行茶菜、药菜、林菜间作等方式，为有需求的集中安置点搬迁户户均解决菜园地 0.2 亩以上。

五 落实五项政策，推进搬后振兴

一是实现教育帮扶政策全覆盖。搬迁子女全面享受教育扶贫政策，及时兑现补助资金，义务教育阶段无一人辍学。

二是实现基本医疗保障政策全覆盖。农村合作医疗报销、减免费用，切实减轻搬迁群众医疗负担。

三是生态帮扶助推增收脱贫。为搬迁群众提供生态效益补偿，年均兑现生态补偿金 442 万元；选聘的生态护林员年均增收 6000 元。

四是金融服务解决产业创业资金难题。为有意愿的脱贫户发放小额贷款、“富民贷”，助力搬迁群众通过发展产业、自主创业增收致富。

五是社会保障政策彰显人文关怀。坚持“应兜尽兜、不落一户”，为符合条件的老年人提供养老保险、高龄补贴、残疾补助、低保政策、农村特困供养保障、临时救助政策等，实行兜底保障。

镇巴县通过念好“搬”“稳”“富”“融”“兴”这“五字诀”，实现了 5 个目标：一是提高了城镇化率。城镇化率提高了 6.5 个百分点。二是改善了居住环境。所有安置点水电路讯一应俱全，产业园、菜园齐备，安置房干净整洁，搬迁群众实现了从“忧居”到“安居”的转变。三是节约了用地指标。全县共使用搬迁用地指标 1668.47 亩，腾退旧宅基地及增减挂钩 6415.1 亩，节约建设用地 4746.63 亩；通过交易建设用地节余指标取得收益，实现经济、民生双丰收。四是拓宽了增收渠道。依托安置点更好的基础条件和发展环境，积极扶持搬迁群众转移就业、自主创业，实现了每个搬迁户家庭至少有一项增收产业、至少有一人稳定就业。五是提升了社区管理水平。通过设立党小组、委派党建指导员等方式，将战斗堡垒直接建到搬迁群众中；在安置点调整划拨菜园地、建立红白理事会等，优化管理服务，确保搬迁群众遇事有人管、遇难有人帮，增强搬迁群众归属感；创新开展“传树守做”新民风建设和“明理 · 感恩 · 诚信 · 自强”教育实践活动，搬迁群众发展内生动力不断激发，获得感、幸福感显著增强。

点评

陕西省镇巴县坚持因地制宜、分类施策，针对安置点的资源禀赋和搬迁群众生产生活需要，念好“五字决”，做好搬迁群众的后续扶持大文章，着力推进基础设施、公共服务、就业帮扶、产业扶持、社区管理、社会融入、权益保障等工作，实现了“搬得出、稳得住、能就业、可致富”的工作目标，有效提升了搬迁群众的获得感、幸福感、安全感。实践证明，牢固树立“搬迁是手段，脱贫是目的”的理念，促进后续产业帮扶与乡村振兴深度融合，精准制定产业发展、创业就业、教育扶持、医疗救助、兜底保障、资产收益等帮扶措施，全面落实好产业、就业、教育、医疗、金融等帮扶措施，提供综合支撑，形成叠加效应，是搬迁群众实现稳定脱贫和持久发展的制度性保障，也是搬迁群众增强自主发展能力、实现可持续发展的有效途径。

青海都兰：路衍经济巩固拓展脱贫成果

导读

青海省都兰县立足唐蕃古道丝绸之路南线重镇的独特区位优势，充分发挥交通辐射带动作用，拓宽延伸产业发展方向，大力发展以“服务区 +”为模式的路衍经济。通过发展“服务区 + 党建”“服务区 + 旅游”“服务区 + 餐饮”“服务区 + 汽车服务”“服务区 + 治理”，形成了“一业带动、多业支撑、联动发力”的多元化产业格局，促进了产业提质增效、农牧民稳定增收，守住了不发生规模性返贫的底线。

青海省都兰县是唐蕃古道丝绸之路南线重镇，也是青藏线上的重要交通枢纽。全县境内共有高速公路 3 条 484 公里、国道 2 条 425 公里、省道 1 条 50 公里，已基本形成以茶格、德香、香花高速公路及 109 国道、G347 公路、怀诺公路省道、香沟线县道为主的公路网。近年来，都兰县委、县政府立足独特的区位优势，大力发展以“服务区 +”为模式的路衍经济，形成了“一业带动、多业支撑、联动发力”的多元路衍产业体系，为巩固拓展脱贫攻坚成果、全面推进乡村振兴提供了新引擎。都兰县在 109 国道沿线的 5 个村庄投入衔接资金，实施了一批路衍产业项目，取得明显效果。

一 “服务区 + 党建”，党支部引领产业发展

察汗乌苏镇上滩东村坚持以党建引领助力乡村振兴，党支部引领村级产业发展。在稳定传统农作物种植的基础上，扎实推进国道服务区建设，全面推动“党支部 + 公司 + 商户”发展模式，初步形成一、三产融合发展的格局，实现从传统农业向服务业快速转变。以“党支部牵头行动、党员带头发力、群众积极参与”的模式，抓好党建促人居环境提升，投入资金，发动党员群众对全村房前屋后、巷道及服务区进行环境卫生综合整治，清理生产生活垃圾，推动农村环境全面改善，绘就美丽乡村建设新画卷。

二 “服务区 + 旅游”，大力发展乡村旅游业

深入挖掘自然生态、人文历史以及丝路文化等优势文旅资源，大力发展公路沿线乡村旅游，促进交通、旅游深度融合，拓展延伸产业链条，促进群众持续稳定增收。投资 1050 万元，在香日德镇上柴开村建成集旅游服务、购物消费、文化生态体验于一体的综合旅游项目，年接待游客约 2 万人次，旅游收入突破 20 万元。依托乡村旅游项目，积极为群众创业就业创造有利条件，带动农特产品、民族手工艺品销售，以及特色餐饮、民宿等产业发展，为村民提供多个就业岗位，年经营性收益突破 70 万元。

三 “服务区 + 餐饮”，实现产业发展互促互补

立足区域内人流量大、用餐需求量高的实际，注重加强国道沿线、

服务区餐饮企业布局，大力发展地方特色小吃、民族饮食等餐饮服务业，在促进群众增收的同时拓展了服务区功能。2022 年，辖区公路沿线、服务区各类餐饮店达到 130 家，其中上滩东村、上柴开村、秀拉赛堂村等沿线村庄经营餐饮业的农户达到 30 户，从业人员达到 50 人，年收入增加 410 万元。依托餐饮、旅游产业，坚持强链补链，以 109 国道为圆心，布局了 4 个种植带、3 个养殖圈，积极培育"家庭农场""家庭牧场"，大力发展特色种养业，实现餐饮、旅游、种养业一体发展、互促互补，带动产业提质增效、农牧民增收致富。

四 "服务区 + 汽车服务"，带动沿线居民就业增收

2022 年，全县境内高速公路出入口交通量达 10 万辆次，其中大型货车占比高达 13%。都兰县立足车流量大的实际，积极打造"汽车驿站"，全力做好汽车服务文章，吸引更多车主停靠消费，并带动道路沿线地区年收益 200 万元以上。察汗乌苏镇上滩东村在 109 国道旁建成 7.7 万平方米（建筑面积 3300 平方米）的综合服务区，提供汽车维修、保养、清洁以及餐饮、商超、集装箱加工等多领域服务，服务区租金年收入 30 余万元，商户年经营性收入累计达 450 万元，提供就业岗位 90 余个。宗加镇艾斯力金村在易地搬迁集中安置点建设、购置 1930 平方米商铺，出租给商户从事加水、保洁等汽车服务，年租赁收入达 27.5 万元，全部用于村集体经济发展。

五 "服务区 + 治理"，创新乡村治理新模式

巴隆乡托托村以"村民自治"为重点，探索实施积分制管理，将基层党建、乡风文明、民族团结、社会治安等纳入积分制管理办法，

将 1634 户 5755 名常住人口纳入积分制管理工作，发挥“党建 + 综治网格”引领作用，横向到边、纵向到底，以正负面清单为约束，形成农牧民群众自我管理、自觉遵守、自我治理的长效机制，实现网格化管理全覆盖，逐步建立完善服务区及周边“用好行为累计积分，用高积分兑换实物”的乡村治理新模式。

点评

路衍经济是指依据交通网络点多、线长、面广的自然属性和对区域经济的拉动、带动、辐射作用，通过对沿线经济要素的集聚、扩散而衍生的新经济业态。青海省都兰县立足自身独特区位优势，充分发挥交通辐射带动作用，集聚公路沿线优质资源，坚持以路兴业、路产融合，大力发展以“服务区 +”为模式的路衍经济，并形成“一业带动、多业支撑、联动发力”的多元路衍产业体系，为巩固拓展脱贫攻坚成果、全面推进乡村振兴提供了新的实践样本。

第2章 拓宽农民增收致富渠道

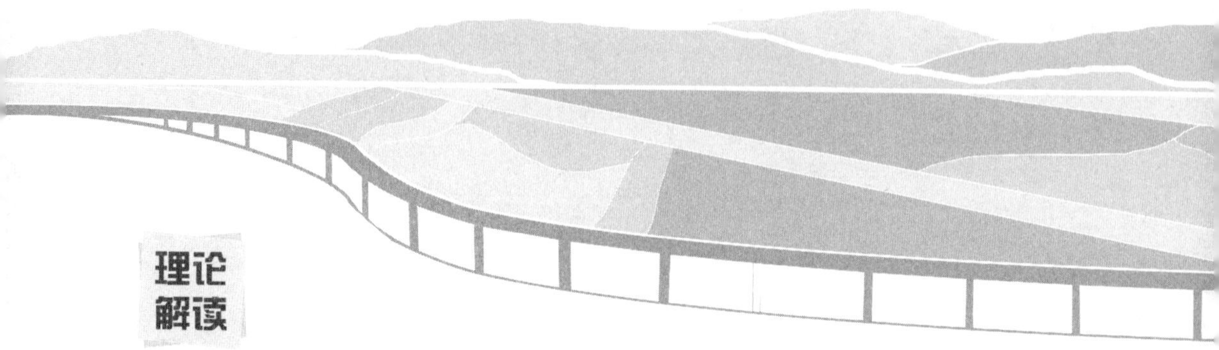

理论解读

习近平总书记强调，农业农村工作，说一千、道一万，增加农民收入是关键。要加快构建促进农民持续较快增收的长效政策机制，让广大农民都尽快富裕起来。①党的二十大报告明确要求“拓宽农民增收致富渠道”。农民持续稳定增收，是实现农村共同富裕的必由之路。从实践看，当前拓宽农民增收致富渠道面临的挑战，主要体现在：一是农业生产规模化集约化的目标与小农户分散经营的现实之间存在矛盾，农业生产存在生产经营粗放、专业化水平偏低、资源利用率不高等问题。二是农民增收渠道不够丰富、就业缺乏稳定性，小农户与现代农业的衔接水平有待进一步提升。

本章选取了 5 个案例，分别是《广西隆安：“小梁送工”模式帮助搬迁群众致富》《湖北枝江：联农带农新路径拓宽农民增收渠道》《安徽潜山：“20 分钟就业圈”助力群众增收》《海南琼中：劳务服务专班探索群众增收新模式》《天津：盘活集体资产助力农民增收》，展示了各地拓宽农民增收致富渠道的实践。这些案例的做法，从学理上主要集中在 3 个方面：一是打通增加农民财产性收入的政策堵点，激发土地、技术、资金、劳动力等生产要素活力，深化农村产权制度改革，推动城乡要素自由流动，帮助农民将土地等固定资产有序流入市场，释放更多土地财产效益。二是通过发展现代农业、延长产业链条、创新联农带农机制等方式，提高农业附加值，推动农民有组织、规范化参与生产经营体系，增加农民经营性收入。

①《切实把新发展理念落到实处　不断增强经济社会发展创新力》，《人民日报》2018 年 6 月 15 日。

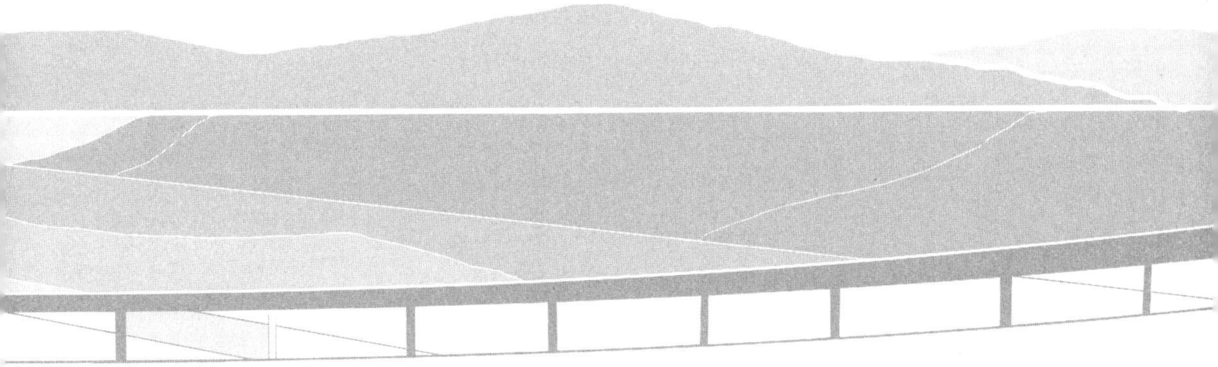

三是充分利用大数据平台，围绕技能培训、信息汇总、劳务输送、政策奖补等方面，完善就业服务体系，推动乡村人才需求与农民就业有效衔接，增强农村劳动力就业的专业性与稳定性。从这 5 个拓宽农民增收致富渠道的案例，可以得出以下主要启示：第一，农民是乡村振兴战略实施的主体，农民持续增收的根本要靠政策的支持，更要充分尊重农民的主动性和创造性，激发农民参与乡村发展的内生动力，确保农民共享产业发展成果。第二，乡村全面振兴是一个历史过程，具有系统性、阶段性，这决定了促进农民增收致富也需要充分考虑其长期性、艰巨性和复杂性，把促进农民增收与乡村产业发展、农村公共服务等相结合，从整体上把握农民持续增收的总体目标与阶段性目标。

学习借鉴这些案例的做法和经验，需要科学把握不同地区农村社会的差异性和非均衡性，精准研判本地资源要素优势和产业、就业发展特点，注重发挥农民的主体作用，因地制宜、因人制宜，精准施策、梯次推进、滚动发展，持续推动农民增收致富。

广西隆安："小梁送工"模式帮助搬迁群众致富

导读

隆安县震东集中安置区是广西壮族自治区最大的易地搬迁集中安置区。面对搬迁群众尤其是大龄劳动力就业难题，震东社区成立就业服务工作队，每天与企业、农业基地对接统计基地用工需求，面向安置区40—60岁年龄段就业技能低、仍习惯干农活的搬迁群众，创新形成了"社区送单、企业派单、居民接单"的"小梁送工"就业服务模式，既缓解了企业、农业基地季节性用工困难问题，又有效解决了大龄且技能低搬迁户劳动力就业无门等短板问题，实现了搬迁群众"搬得出、稳得住、有就业、逐步能致富"的目标。

隆安县是左右江革命老区振兴规划县、滇桂黔石漠化片区治理县。近年来，隆安县深入学习贯彻习近平总书记关于"三农"工作的重要论述，落实党中央"易地搬迁脱贫一批、生态补偿脱贫一批"决策部署，综合运用国家易地扶贫搬迁、生态移民和新型城镇化政策，策划实施隆安县震东扶贫生态移民与城镇化结合示范工程，建设易地扶贫搬迁震东集中安置区，全力探索石漠化片区扶贫搬迁集中安置的路子，荣获全国"'十三五'搬迁工作成效明显县"称号，并入选"第三批全国农村公共服务典型案例"、首批全国脱贫攻坚考察点，易地扶贫搬迁进城安家、集中安置、产城融合的探索实践取得了成功，实现了群众脱贫、县城开发、县域经济发展“三赢共促”的良好局面。特别是在探索“一个家、一个学位、一个岗位”搬迁安置发展思路过程中，遭遇 2020 年初新冠疫情暴发，面对搬迁群众尤其是大龄劳动力就业难题，隆安县依托县内农业基地多、用工多等优势，在震东社区成立就业服务工作队，由工作队工作人员每天与企业、农业基地负责人对接统计基地用工需求，面向安置区 40—60 岁年龄段就业技能低、仍习惯干农活的搬迁群众，开展用工宣传、组织报名、订车派工等就业服务工作，创新形成了“社区送单、企业派单、居民接单”的“小梁送工”就业服务模式，实现了搬迁群众“搬得出、稳得住、有就业、逐步能致富”的目标。“小梁送工”因震东社区党委副书记、居委会副主任、就业服务站站长梁佳为该服务具体实施负责人而得名。

一 搭建“小梁送工”零工服务平台，规范就业管理

一是建设专门服务机构。就业是最大的民生。隆安县震东集中安置区是广西建制以来在县城建设的最大易地搬迁集中安置区，2018 年底安置搬迁群众 5847 户 24423 人。2020 年初，新冠疫情暴发，隆安县坚持一手抓疫情防控，一手抓搬迁群众稳岗就业。针对疫情影响下大量搬迁户劳动力特别是就业技能低、习惯干农活的大龄劳动力面临返岗难、就业难和县内各大农业基地临时工用工紧缺等问题，隆安县建设震东集中安置区就业服务站，完善服务站机构职能，设置企业用工、灵活就业、技能培训 3 个服务窗口，为搬迁群众提供政策咨询、职业介绍、职业培训、用工发布、组织送工等常态化就业服务。2020—2022 年累计推荐灵活就业岗位 3 万多个，发布企业、农业基地用工信息 4 万多条。

二是组建专门帮扶工作队。依托就业服务站，组建了由隆安县人力资源和社会保障部门专职干部、震东社区“两委”干部、乡村振兴工作队队员、网格员、各楼栋（单元）长、党员志愿者等组成的震东

社区百人就业帮扶工作队。针对震东集中安置区内 800 多名年龄在 50 岁左右、进厂难、找工难的无稳定就业人员，隆安县以“小梁送工”就业服务模式为载体，实行“乡镇—震东社区—小区网格—单元”网格精细化管理，将 78 个楼栋（单元）划分为 22 个党小组，形成 22 个网格，把 5 类人员［驻村工作队队员和驻点干部、震东社区“两委”干部、网格员、楼栋（单元）长、党员和居民代表］安排到相应网格，积极组织就业服务活动，灵活开展送政策进小区、送岗位进户、送劳动力进企业（基地）的“三进”服务行动。依托网格精细化管理，隆安县对安置区劳动力进行分类造册管理，对劳动力就业情况进行动态管理，实时更新，随时掌握劳动力就业需求，及时推荐劳动力通过“小梁送工”等实现就业，开展有针对性地就业帮扶。

三是搭建零工服务平台。为进一步推动“小梁送工”专业化管理，拓展提升“小梁送工”的“两建一便利”功能（将“小梁送工”建设成有效解决搬迁群众零散就业和城乡用工需求问题的零工服务平台；建设成以“小梁送工”为中心，逐步覆盖县城、辐射全县的民工就业市场。为有劳动能力、有务工需求但无法外出务工的群众，提供更便捷、更有利的就近就业和送工服务），隆安县搭建了“小梁送工”零工服务平台 App。该 App 分企业用工端、零工点单端和“小梁送工”社区端，包括“发布工单、帮助零工报名、企业工单审核、零工报名审核、工单查询、零工信息、企业信息、费用、我的历史”等 9 个模块，企业用工、居民报名、社区审核等都可以在手机端点击操作。该 App 搭建了一条“企业派单更便捷、居民接单更灵活、社区送单更及时”的信息快捷通道，推动服务范围不断扩大，管理更加规范。

二 建设“小梁送工”零工市场，盘活就业资源

一是挖掘就业渠道。隆安县立足农业大县、水果种植大县和宝塔

医药产业园、农民工创业园的实际，依托农业基地多、用工多的优势，通过多部门联动，引导震东社区就业帮扶工作队与周边企业、农业基地进行沟通对接。社区就业帮扶工作队积极与周边企业、农业基地联系，主动上门调研考察，宣传就业帮扶惠企惠农政策，了解用工需求，挖掘就业渠道。至2022年底，隆安县500亩以上大型农业基地有300多个，全县连片种植100亩以上的水果基地达485个，临时性、季节性的用工需求大。隆安县还集中力量建设农民工创业园，通过政府统建、开发商自建、企业独立建等多种方式建设标准厂房，已建成75栋标准厂房，引进落户富利时、鸿博药业、三礼电子等60家企业，提供稳定就业岗位5700多个、单日临时灵活性岗位上百个。

二是强化人岗匹配。隆安县积极落实转移就业补贴、疫情期间稳岗补贴等各项就业扶持政策，利用政策扶持积极联合用工企业、农业基地经常性开展订单式、项目制技能培训，提高搬迁群众岗位适应力，提高就业率。举办电工、焊工、剪芽修枝等订单式、项目制技能培训班，以及就业素质培训班。通过适岗培训、人岗匹配，参加"小梁送工"的劳动力有了更加过硬的就业技能和职业素质，企业、农业基地用工有了更多选择，实现了劳动力就业需求与企业、农业基地用工需求协同共振、互相促进。

三是建设零工市场。为进一步推动"小梁送工"就业服务模式深入实施，隆安县在震东集中安置区建设"小梁送工"零工市场。零工市场用于服务安置区乃至全县农民工灵活稳定就业，发挥其作为县城及周边零工人员集散地、企业灵活用工输送始发地等辐射功能，围绕服务于隆安县加快推进"一园一城一基地"建设，以购买社会服务的方式，由第三方人力资源公司专业化指导震东社区就业服务站，面向全县乃至全市、全区、全国专业化输送安置区、全县人力资源，全年开展以"小梁送工"就业服务模式为主体的就业服务工作。

三 实施"点对点"送工，保障就业致富

一是畅通就业供需两端，确保"送单"顺畅。利用就业补助资金、粤桂协作就业帮扶资金支持，隆安县持续开展"点对点"送工服务工作。以梁佳等为代表的震东社区就业帮扶工作队队员每天通过社区宣传栏、业主微信群、就业服务专用群、服务平台 App 等渠道，第一时间发布次日园区企业、农业基地招工用工信息，组织安置区居民在就业服务站或服务平台 App、微信群进行线上或线下"接单"报名，及时进行汇总统计，与用工单位即时对接，并根据当天报名情况对接租用车辆，通过"点对点"包车往返免费接送方式，次日清晨将实际签到人员直接派送至企业车间或农业基地进行务工，实现日常化"送单"服务。据统计，"小梁送工"全年每天可固定提供 150—500 个工作岗位，务工薪酬当天结算或按月结算，切实有效满足搬迁群众就业需求。

二是联动周边企业和农业基地，确保"派单"充足。"小梁送工"就业服务模式通过联动周边用工企业、农业基地，既缓解了企业、农业基地季节性用工困难问题，又有效解决了大龄无技能搬迁户劳动力就业无门等短板问题。在"小梁送工"就业服务品牌带动下，截至 2022 年 8 月底，已有广西金福农业有限公司、广西高明农业发展集团有限公司、广西润隆农业有限公司等 40 多家企业及农业基地与震东社区签订用工合作协议，旺季时日用工量超 1000 人，企业"派单"量不断增加。

三是优化务工队伍组合，促进"接单"增收。隆安县引导震东集中安置区相对固定的临时工队伍向专业化团队发展，将务工群众按不同年龄、不同务工技能和家庭情况等进行优化整合，组建成不同类别的用工小组，再从每组中推选带队组长，协助处理日常出工的对接、组织、协调工作，使务工人员"接单"更便捷。隆安县已先后成立震

东集中安置区建筑零工组、火龙果基地组、水果包装组等专业型务工团队。隆安县还注重开展学生假期实践活动，通过假期前联系、召开大学生座谈会、线上线下组团报名等形式，在震东集中安置区开设大学生寒假、暑假就业实践专班，通过“小梁送工”就业服务，每天“点对点”将大学生送到各企业车间、农业基地参加实践活动，既培养了大学生的社会实践能力、增强了当地就业服务建设力量，又能让大学生体会到“劳动创造财富”，深刻领会“幸福都是奋斗出来的”真正内涵。从 2020 年 3 月实施“小梁送工”就业服务模式以来，截至 2022 年 8 月底，隆安县累计组织送工 803 批次 6.42 万多人次，帮助务工群众实现人均日收入 100—300 元、月收入 3000 元以上，累计实现务工收入超 800 万元，有力促进了搬迁群众“搬得出、稳得住、有就业、逐步能致富”。

点评

易地搬迁是解决“一方水土养不好一方人”、实现贫困群众跨越式发展的根本途径，既要抓好安置点建设和搬迁工作，更要抓好搬迁后的长效机制建设。广西壮族自治区隆安县震东集中安置区依托本地资源，在建设易地扶贫搬迁集中安置点的基础上，注重解决易地扶贫搬迁集中安置点群众就业问题，通过开展用工宣传、组织报名、订车派工等就业服务工作，全力破解“稳得住”“能融入”“如何富”三大难题，创新形成了“社区送单、企业派单、居民接单”的“小梁送工”就业服务模式，有效实现了搬迁群众“搬得出、稳得住、有就业、逐步能致富”的目标，扎实写好了易地扶贫搬迁“后半篇文章”。

湖北枝江：联农带农新路径拓宽助农民增收渠道

导读

湖北省枝江市以“政府引导、企业主导、农户参与”为基本原则，创新探索联农带农新机制，充分发挥平台作用，最大限度把资源要素调动起来、把广大农民组织起来，不断延伸农业产业链，形成“利益联结、优势互补、合作共赢”的良好局面，拓宽了农民增收渠道，为乡村振兴和农业高质量发展提供了强有力的支撑。

近年来，湖北省枝江市以延伸农业产业链为抓手，创新探索联农带农新机制，取得初步效果。

一、以健全机制为保障，下好政策赋能先手棋

一是以组织平台为依托，织好主体互动的一张网。抓住关键环节改革突破，由枝江市政府主导，组建枝江市农民专业合作社联合会（简称“市农合联”），承担农业产业链的组织者、沟通平台的搭建者、产业金融的链接者、金融风险的抵御者职能，有效解决新型农业经营主

体“小、散、乱、弱”的发展困境。市农合联对符合要求的新型农业经营主体增信授信，农村综合产权交易中心对农民土地、厂房等设施确权，保险公司对农业前置提供有效保障，担保公司为新型农业经营主体提供融资担保服务，农户以土地流转（租金）、劳务用工（薪金）、吸纳入社（股金）、土地托管、代种代管、代销农产品、社会化服务等10种方式参与生产经营。全市形成以市农合联为核心，下辖8个镇（街道）农合联和肉牛、柑橘、粮食、水产、蔬菜、砂梨等9个特色产业农合联。市农合联吸纳的会员辐射80%以上的新型农业经营主体和农户。

二是以金融平台为保障，串好资金交互的一条链。组建全省首个县域涉农担保机构——枝江市天雨农业融资担保有限公司，建立1亿元农村合作金融涉农贷款风险补偿基金，引导合作银行按照5—10倍比例放大，为市农合联会员增信授信。围绕“资源变资产、资产变资金”，统筹金融、财政、农业农村、人力资源和社会保障等各部门金融支农资金，每年预算300万元作为补充基金，引导合作银行执行低利率、减半收取担保费，新型农业经营主体贷款年均综合费率下降3个百分点，办理时长由1个月缩短到1周，降低了融资成本。持续运用延期还本付息、无还本续贷等政策，将利益还给市场主体，成功破解“贷款贵”难题。

三是以服务平台为支撑，打造质效提升的增长点。采用“专家+示范区+合作社+农民”运作模式，大力推广主导品种和主推技术，探索科技人员直接到户、技术要领直接到人的农业科技推广新机制。与湖北省农业科学院合作共建全省唯一的农村综合科技示范区，推广新品种、转化科技新技术。通过微肥增效、有机肥替代化肥、生态防控等技术应用，化学农药使用减量30%，水稻亩产提高到1300多斤，每亩平均节本240元以上、增收430元。深入推动农业作业数字化，“MAP（现代农业科技服务平台）智农”应用场景整合农场遥感、精准气象、病虫测报等信息，有效解决农业产业信息化程度不高、服务保障滞后等问题。嵌入农业全产业链，整合耕、种、管、收、储等社会化服务主体，为农民提供农作物病虫害防治、配方施肥、田间管路等技术咨询服务和统一采购配送、统一经营管理、统一标识品牌、统一质量标准、统一供应价格、统一服务规范等连锁经营服务，有效降低各环节成本。

二 以利益联结为基础，布好联农带农新格局

一是托管让农民更加省心。持续完善农业生产加工销售社会化服务体系，打造农村综合性产业服务平台，依托农村社会化综合服务主体，推广土地托管经营模式，通过土地代耕代管代种、农产品代加代销代售，形成托管式利益联结机制，将小农户生产引入现代农业农村发展轨道，带动农户收入持续稳定增长。引进中化集团旗下全资子公司中化现代农业有限公司（简称“中化农业”），采取“农合联 + 中化农业 + 合作社 + 基地 + 农户”运作方式，为农户提供全要素、全产业链、全流程的农业生产和技术服务。枝江市政府、中化农业共同出资 300 万元建立粮食产业发展基金，与合作银行按照 4 ∶ 4 ∶ 2 的比例分担风险，利益共享、风险共担。通过全托管、半托管模式，流转农户土地 20 万亩，构建集种植、加工、服务、销售于一体的全产业链模式。

二是订单让农民更有保障。龙头企业统一种植标准、统一供应农资、统一收购产品、统一产品品牌，公司负责统一生产服务与管理，让农户在降低劳动强度和经营风险的同时，提高经营收益。支持龙头企业通过保护价收购和利益兜底、利润返还或二次结算等方式，与农户建立“风险共担、农企双赢”的紧密利益联结机制，提高订单履约率，让农户获得稳定收益。如湖北丰联佳沃农业开发有限公司（简称“丰联佳沃”）大做“牛”文章，大力推广“3321”肉牛养殖模式，1 个养殖户新建 300 平方米标准化牛舍、每年饲养 30 头牛，政府补贴 2 年免息贷款，并提供种源、疾病防治等服务，打造肉牛产业化联合体，带

动了全市肉牛产业发展。

三是股份使农民更有奔头。积极引导农业龙头企业领办或入股农村专业合作组织，支持农民、集体以土地或其他资产入股合作社或兴办农业企业，建立企业与农户之间的股份合作关系。同时，鼓励农户流转土地，集中土地资源，推进规模化连片发展。企业则通过流转农户土地、聘用农民务工、创新利益分配等方式，让农户获得“股金 + 租金 + 薪金”，形成企业与农户之间股份式利益联结机制。仙女镇向巷村依托桔缘柑桔专业合作社和丰联佳沃两大经营主体，带动全村 314 户村民以 1000 元至 3 万元不限出资入股，土地等生产资源由合作社统一管理，年底按照合作社利润的 20% 参与分红，户均降低农业生产成本 800 元。2021 年，合作社为村民分红 250 万元，户均增收 8000 元；村集体经济收入 28.3 万元，同比增长 15.5%；村民人均年收入达 2.8 万元，脱贫人口人均年收入达 1.44 万元。

三 以产业融合为导向，走好质效提升振兴路

一是品牌融合释放新活力。在全省率先推出县域农产品公共品牌——“枝滋有味”，培育“枝江玛瑙米”“百里洲砂梨”等特色农产品品牌，形成“公共品牌 + 行业品牌 + 自主品牌”的农业品牌体系。至 2022 年底，“枝滋有味”品牌商标授权单位达 31 家，授权产品 167 余款，开发代工产品 20 余款，“枝江玛瑙米”品牌价值达 32.88 亿元。建成“枝滋有味”线上线下一体化营销网络，以“枝滋有味”品牌为引领，带动“枝江玛瑙米”“枝江脐橙”等特色农产品引入武汉、宜昌中高端社区和盒马鲜生等中高端平台，累计销售达 7.5 亿元。“枝滋有味”获评湖北省服务业“五个一百工程”重点品牌。

二是电商融合培育新潜力。枝江搭建“电商 + 专业合作社 + 基地 + 农户”平台，先后引进阿里巴巴、京东、裕农、邮乐购四大电商

平台入驻，获评国家级电子商务进农村综合示范县、全国“互联网 +”农产品出村进城工程试点县，吸引了大批返乡农民工、农村青年参与电商创业。仅2022年第一季度，全市农产品电商交易额便达3.45亿元。

三是农旅融合激发新动力。充分发挥旅游业的拉动力、辐射力，让风景变“钱景”。同心花海项目落户问安镇同心桥村，带动周边农户发展农家乐、民宿，村民借势发展虾稻连作、羊肚菌、花卉等特色产业，其亩产值较传统种植水稻、油菜提高2000元以上。安福寺镇秦家塝村东方年华田园综合体以每亩每年800元的价格承租附近农民的闲置土地，农户每年都能够收到租金，同时在园区务工挣薪金，政府为农户缴纳失地农民养老保险，达到退休年龄的农民每月都能领到退休金，三重保障使周边农民喜变“三金”农民。

点评

湖北省枝江市坚持和加强党对“三农”工作的全面领导，围绕深化农业供给侧结构性改革主线，创新乡村发展新载体，打造组织、金融、服务三大平台，协调舞动政府“有形之手”与市场“无形之手”，推动项目、资金、人才向基层下沉，充分激活和放大市场主体效能，把分散的土地连成片，使分散的农民抱成团，让分散的资金融在一起，在联农带农中强农富农。坚持农民主体地位，融合专业化合作、社会化服务、产业化经营，构建托管式、订单式、股份式三大利益联结体系，将“小农户”带入“大市场”；以产业链延伸、产业范围拓展和产业功能转型为抓手，通过品牌、电商、农旅融合发展形成新业态、新商业模式，带动农村资源要素整合集成和优化重组，有效推动了产业增效、农民增收、生态增值。

安徽潜山：“20 分钟就业圈”助力群众增收

导读

安徽省潜山市地处皖西南、大别山东南麓，素有“皖国古都、安徽之源、京剧之祖”等美誉，世界地质公园、国家 AAAAA 级旅游景区天柱山坐落在此，2018 年因旅游特色经济成功撤县设市。党的十九大以来，该市深入推进党中央提出的乡村振兴战略，结合实际，探索将“20 分钟就业圈”建到 67 个易地扶贫搬迁集中安置点附近，有效解决了农村就业创业特别是脱贫人口就业问题，真正让搬迁群众从“搬得出”实现“稳得住”。

安徽省潜山市原是国家扶贫开发工作重点县、大别山连片特困地区片区县，2019 年实现脱贫摘帽。潜山市自实施易地扶贫搬迁集中安置工程以来，先后建成易地扶贫搬迁集中安置点 67 个。该市探索做实“建好平台、选好产业、做好服务、抓好创新”文章，有效破解了安置点 3256 名劳动力因家中有病人需要照顾、老人需要赡养、孩童需要陪读等原因不能离开家门就业，“4、5、6”人员（40 岁、50 岁、60 岁中老年人员）因缺乏技术难就业，而城区企业难招工的双向难题，拓宽了搬迁群众收入增加渠道，夯实了“稳得住”的基础。

一 建好平台，让群众在家门口就业

一是建就业帮扶车间。注重利用乡、村废弃旧厂房、旧校舍、旧村部、空置商铺等闲置资产建设就业帮扶车间。2017 年以来，67 个安置点建设就业帮扶车间 59 个，入驻加工型小微企业 59 家，织密“20 分钟就业圈”。

二是建就业帮扶基地。培育合作社、家庭农场、农特产品加工厂为居家就业帮扶基地，确定物业管理、家政服务、服装加工等适合脱贫人口就业的企业为就业帮扶基地。

三是建就业政策平台。公共财政设立就业专项资金，做到“四个有补助”，即居家就业有补助（每人每月 200 元）、稳定就业有补助（每人每月 200—300 元）、参加培训有补助（每人每天 50 元）、转移就业有交通费补助（每人每月 100—200 元），充分调动群众主动就业、企业吸纳就业的积极性。仅 2022 年第一季度，全市已落实就业帮扶车间、居家就业帮扶基地个人岗位补贴 50.68 万元，落实就业帮扶基地个人岗位补贴、社保补贴、单位岗位补贴 14.62 万元，发放就业帮扶车间吸纳就业补贴 54.3 万元，落实务工交通补贴 13144 人 255.02 万元。

二 选好产业，让群众在田地间就业

一是依托绿色农业就业。潜山是全国茶产业百强县、油茶产业发展重点县和“中国瓜蒌之乡”。按照“龙头企业 + 合作组织 + 基地 + 农户”发展模式，安置点周边建成一批茶叶、瓜蒌、蚕桑、油茶等产业基地，发展一批家庭农场、龙头企业，以产业带动、吸纳就业、入股分红等方式辐射带动脱贫户增收。

二是依托乡村旅游就业。打造环天柱山、环潜水河旅游示范带，培育发展休闲度假、农业观光、采摘品尝、民俗体验、峡谷漂流等乡村旅游产品，穿珠成串，让部分安置点群众通过山场流转、务工就业吃上了“旅游饭”。

三是依托农村电商就业。大力推进“电商下行、农产品上行”，实施乡村电商“五个一”工程，实现安置点附近电商服务网、物流配送网、光纤通信网全覆盖，安置点及周边群众通过开设网店，带动脱贫人口就业和增收。

四是依托来料加工就业。重点扶持脱贫村发展来料加工项目，村民既可在厂内做工，又可领材料回家做工，并与义乌市对接合作培养来料加工“经纪人”。所有安置点附近均有服装加工点，有的安置点附近建有饰品和劳保用品加工点，让留守妇女和老人在家都有活干。

三 做好服务，让群众带技能就业

一是送培训上门。整合“20 分钟就业圈”内家政服务、电子商务、新型农民等各类培训资源，提升技能促就业。如组织动员 40 岁以上的大龄脱贫妇女参加育婴员、保育员培训，并推荐其至武汉、上海等地从事家政服务工作，人均月薪 5000—10000 元。全市通过开展家政服务技能培训，就业率达 80%，获批全国“百城万村”家政扶贫试点县。

二是送招聘上门。始终将就业放在暖民心工程首要位置,用好“潜阳快聘”平台，打造“三公里”岗位需求与求职对接通道，针对安置点群众就业难的痛点，在安置点所在乡镇每月举办 1 场以上招聘会，邀请就业帮扶车间、居家就业帮扶基地以及市内外企业与脱贫群众“一对一”对接，把岗位需求送到脱贫群众手中。

三是送岗位上门。结合安置点实际和脱贫群众劳动能力，开发小区管理员、护林员、护路员、环卫工、护水员等公益性岗位179个，让群众就近就业，实现“看家、养家”两不误。

四 抓好创新，让群众随梦想就业

“20分钟就业圈”内实体增多、要素集聚，撬动了一批务工人员返乡创业、大学生下乡创业，带动新产业新业态蓬勃兴起。一方面引导返乡创业。通过安排创业扶持担保金，返乡创业人员能够带着梦想放开手脚干。另一方面建设孵化基地。为创业者全部减免场租、水电、网络等各项费用，提供物流发货、技能培训、就业见习等服务，通过小微创业实体入驻带动就业。

点评

安徽省潜山市探索做实“建好平台、选好产业、做好服务、抓好创新”文章，将“20分钟就业圈”建到易地扶贫搬迁安置点附近，有效解决了农村就业创业特别是脱贫人口就业问题，真正让搬迁群众从“搬得出”实现“稳得住”。潜山市的实践探索表明，脱贫人口的就业问题依然是易地扶贫搬迁后续发展的重要问题，为此，必须紧紧围绕搬迁群众脱贫增收这一目标，加大创新力度，强化搬迁后续帮扶，建立完善后续帮扶台账，把重点放在精准支持搬迁群众发展特色产业、促进转移就业上，根据搬迁人口在家庭结构和就业能力等方面的差异性，采取多元化帮扶措施，通过构建“20分钟就业圈”，帮助群众实现就近就业。这一拓宽稳定收入渠道、增加群众收入的做法，非常有借鉴意义。

海南琼中：劳务服务专班探索群众增收新模式

导读

海南省琼中黎族苗族自治县认真贯彻落实党中央和海南省委、省政府关于乡村振兴和农民就业工作部署，成立以县委副书记为组长，县政府常务副县长为副组长，县直各有关部门和乡镇为主要成员的劳务服务专班领导小组，组织各村（居）委会根据农村富余劳动力务工服务需求成立劳务专班，由三大平台公司提供岗位信息，采取“政府＋人力资源公司＋农村劳动力”模式，引导农村劳动力安全有序就近就地就业和跨区域短期务工，不断增强农村劳动力就业稳定性。

近年来，海南省琼中黎族苗族自治县认真贯彻落实党中央和海南省委、省政府关于乡村振兴和农民就业工作部署，超前谋划，通过创建劳务服务专班，全力打造组织化、规范化的劳务专班队伍，引导农村劳动力就近就地就业和跨区域外出务工，探索形成“农业增效、农民促收”的农村经济发展新模式，实现“稳得住、有就业、逐步能致富”。

一　坚持统筹谋划强部署，全力创建劳务服务专班

一是制定《琼中黎族苗族自治县劳务服务专班工作方案》。成立以县委副书记为组长、县政府常务副县长为常务副组长的劳务服务专班领导小组。劳务服务专班领导小组各成员单位均有明确分工，住房和城乡建设、交通运输、文化和旅游、水务等行业主管部门做好在建工程项目用工缺口、上岗时间、薪酬待遇、项目进度等跟踪登记，并一周一报。

二是乡镇级设立 10 个乡镇劳务服务专班。由 1 名副镇（乡）长担任班长，主要负责本镇（乡）劳务服务和务工组织、服务站点建设、公益性岗位开发、政策宣传和就业组织发动等。

三是村级组建劳务专班及村集体公司。第一，通过组建劳务专班队伍，鼓励劳务带头人发挥主观能动性，带领成员发掘短工、零工等项目，人均日工资 200—350 元，帮助农村劳动力在家门口实现就业。通过组建劳务专班到本县种植基地、旅游景区、种养专业合作社、以工代赈项目基地等进行务工，切实帮助农村劳动力就近就地就业。第二，通过成立村集体公司，带动本村富余劳动力实现灵活就业。2022 年全县 100 个行政村中，共有 98 个行政村注册成立村集体公司，其中 65 家公司已正常运营，主要的务工方向有建筑、养殖、种植、旅游服务等，务工队伍共计 1403 人，已带动 3730 名城乡劳动力实现上岗就业。

二　坚持围绕需求抓培训，着力提高务工人员就业技能

一是抓好劳务带头人能力提升。县乡村振兴局、人力资源和社会保障局等部门联合举办劳务带头人能力提升活动，邀请专家围绕“劳

务带头人的概念、劳务带头人工作内容、劳务输出典型案例、工商注册登记”四大方面重点内容进行授课，帮助提升劳务带头人的理论知识水平和组织服务能力。同时，组织海南中部菜篮子发展有限责任公司、琼中黎族苗族自治县乡村振兴控股发展有限责任公司、琼中加钗投资有限公司 3 家企业提供用工需求和招工信息，推动劳务带头人与用工企业深入对接，实现“面对面”有组织劳务输出。

二是抓好乡村建设公司负责人培训。依托县就业孵化基地，对各村集体公司成员进行培训，强化现代企业经营管理理念，增强可持续发展的综合能力。

三是抓好就业实践培训。制定《琼中黎族苗族自治县 2021 年种植工培训工作实施方案》《琼中黎族苗族自治县 2021 年创业实训（绿橙采摘包装）培训工作实施方案》，以职业能力建设为重点，通过“边招聘、边培训”方式，开展沉香种植、绿橙加工等培训，输送劳动力到沉香产业园、绿橙加工厂上岗就业，实现技能培训与上岗就业无缝对接。

四是抓好务工人员职业技能培训。针对项目用工需求，采取以工代训、订单式培训、定向式培训、带薪培训以及“军训 + 建筑砌墙”等方式，对务工人员进行强化培训。

三　坚持完善机制搭平台，合力营造劳务输出浓厚氛围

一是成立琼中乡控人力资源开发有限公司。采取“政府 + 人力资源公司 + 农村劳动力”模式，由琼中乡控人力资源开发有限公司统筹做好各行业、各部门项目用工信息汇总，定期收集县内外企业项目用工缺口、工作时间、薪酬待遇等招工信息，及时与劳务专班或务工人员进行对接并匹配上岗。通过微信公众号、抖音视频、微信视频、岗位对接会等发布用工信息，针对有就业需求人员积极对接推送上岗。

开发“琼中劳务用工平台”这一公益性招聘应聘平台，支持多端应用，求职者可通过微信小程序、网站等，在线提交个人简历，或联系企业咨询用工需求，实现零接触应聘、快速就业。

二是成立海南琼中堑对乡村建设有限公司。为充分发挥劳务专班工作机制，琼中成立了首个乡村建设公司——海南琼中堑对乡村建设有限公司，负责承接乡镇零星工程项目，并与琼中乡控人力资源开发有限公司签订用工协议，合力带动劳务专班队伍人员参与项目建设，获得劳务报酬。该公司成立以来，通过统一接单、统一组织、统一派工的“一条龙”服务，把无法离乡、无业可就的农村富余劳动力就近输送到本地工程项目及产业基地上岗就业。截至 2022 年 8 月，该公司分别与政府部门、琼中黎族苗族自治县城市建设投资有限建公司签订合作协议，承接多个建筑项目工程劳务服务，共计获利 31 万元，转移安置农村剩余劳动力 56 人，务工收入增加 23.2662 万元；通过发展山兰稻项目，培养山兰稻全产业链人才梯队，成功吸纳 103 名农村劳动力实现就业。

八 坚持聚焦政策稳就业，有力推进劳务输出获实效

用足用好用活就业政策，调动农民就业积极性。出台《2021 年切实加强就业帮扶巩固拓展脱贫攻坚成果助力乡村振兴工作实施方案》，通过“补”“奖”“助”等手段，激发农民就业意愿，提高其就业积极性。尤其是率先制定出台劳务收入奖励补贴政策，极大地激发了农村劳动力务工就业积极性。对成功带动 5 名及以上本县户籍劳动力（其中脱贫劳动力不少于 2 人）务工且每名务工人员工资性年收入 2 万元以上的劳务专班（合作社），给予一次性劳务收入奖励补贴 1 万元；如为务工人员缴纳人身意外险的，凭缴纳人身意外险凭证，另外给予每人 200 元的一次性意外险补贴。县财政每年拿出 20 多万元，根据劳务

专班带动本县户籍劳动力的人数及每名务工人员的收入，对劳务专班（合作社）给予相应奖励，极大地激发了农村劳动力转移就业的积极性。

点评

海南省琼中黎族苗族自治县通过组建劳务服务专班、提供岗位信息、创新就业模式等方式，引导农村劳动力安全有序就近就地就业和跨区域短期务工，不断增强农村劳动力就业稳定性，初步探索了具有琼中特色的“农业增效、农民促收”的农村经济发展新模式。按照“政府 + 人力资源公司 + 农村劳动力”模式，由各乡镇政府组织入户摸排农村富余劳动力基本信息和就业意愿，人力资源公司对接收集县内外企业用工岗位信息，并负责岗前培训，分批将富余劳动力输送至有岗位需求的企业。各乡镇、村集体组建劳务合作社，将“无法离乡、无业可就”的闲散劳动力就近输送到当地产业基地，做到离土不离乡、进厂不进城、就业不离家，形成产业基地与劳务合作社联动、产业与就业融合、脱贫群众在家门口挣钱的新模式。

天津：盘活集体资产助力农民增收

导读

天津市建立农村产权流转交易市场，通过公开的市场化平台规范集体资源资产交易，在全国率先推出覆盖权益流转、招标采购、登记托管三大类 12 个小类的全要素农村产权交易产品体系，构建“市—区—镇—村”四级市场服务体系，上线全流程电子化信息交易系统，搭建综合配套大数据交易服务体系，实现村集体经济组织股权托管交易。经过 10 年实践，天津市农村产权流转交易市场在盘活集体资源资产、推动农业要素自由流动平等交换、促进城乡融合发展、助力农民增收等方面作出了积极贡献。

天津农业农村资源要素丰富。为保护各类农村资产，有效盘活集体“三资”（资金、资产、资源），促进农村生产力发展，推动农业产业升级，提高农村集体收入和农民生活水平，天津市以农村土地“三权分置”改革为开端，以土地经营权流转先行先试为突破，通过推动农村集体资源资产进场公开交易，引导社会资本进入农业农村，实现农村集体资产盘活、保值、增值。截至 2022 年 7 月，累计实现农村产权交易金额 186.23 亿元，为村集体和农户增收 9.49 亿元，惠及农户 23.47 万户。

一　推出全要素农村产权交易产品体系

2022 年 3 月，天津市人民政府办公厅印发《天津市构建高标准市场体系若干措施》，提出规范农村产权流转交易程序，扩大农村产权流转交易服务范围和交易品种。天津农交所在全国率先推出全要素农村产权交易产品体系，形成涵盖权益流转、招标采购、登记托管三大类，覆盖村集体经济组织股权、农户承包土地经营权、集体资源性资产使用权、集体经营性资产使用权、林权、农业生产设施设备使用权、小型水利设施使用权、闲置农房（宅基地）使用权、集体经营性建设用地使用权、集体企业股权、涉农知识产权、涉农项目招标和采购等 12 个小类的农村产权交易产品体系。以天津市宝坻区黄庄镇北里自沽村土地流转为例，2022 年初，该村 3873.91 亩土地经营权在农交所成功流转，受让方为天津农垦小站稻产业发展有限公司，租金价格为每亩每年 1300 元。土地经营权面向市场公开流转，为各类主体进入乡村市场、推动适度规模经营搭建桥梁。

二　构建“市—区—镇—村”四级市场服务体系

2015 年 12 月，天津市人民政府办公厅发布《关于加快健全完善我市农村产权流转交易市场的意见》，提出在天津市建立完善具有市、区、镇三级平台的农村产权流转交易市场。依托各涉农区、镇街农村集体资产管理部门、村“两委”分别建立区分市场、镇街工作站和村级服务点，天津市在全国率先建成“市—区—镇—村”四级市场服务体系。把市场建在农民家门口，打通“最后一公里”，依托交易系统实现四级市场服务体系协同管理，优化交易流程，提升交易效率，实现让“数据多跑路、农民少跑腿”。2018 年 12 月，该市场服务体系入选国家发展改革委公共资源交易平台创新成果。

三 上线全流程电子化的信息管理系统

根据市场架构和交易品种，在全国率先研发上线农村产权交易信息管理系统。按照统一交易规则、统一交易系统、统一信息发布、统一交易鉴证、统一服务标准、统一监督管理的“六统一”模式进行管理，实现项目“全流程、一站式、电子化”处理。简化交易流程、提高交易效率，实现交易全流程公开、规范、留痕管理。以天津市宝坻区八门城镇鲁家铺村土地经营权流转为例，2021 年 2 月，该村 59 户村民委托村集体将 997.02 亩土地统一对外流转，经过“四议两公开”民主决策程序，并由镇、区两级审核备案后进入农交所平台公开发布。该项目以公开竞价的方式确定了受让方，签署了全市统一的《天津市农村土地经营权流转合同》，并在交易系统完成网签备案，保障各方权益，真正做到“政府放心，百姓安心”。2021 年 7 月，天津市阳光招采平台入选国家发展改革委招标投标领域创新成果。

四 搭建综合配套大数据交易服务体系

天津农交所定期发布《天津市农村产权流转交易市场大数据报告》，向社会公布总体交易情况、各产品交易情况、各区域交易情况、流转方向等信息，发布交易价格指数，为交易主体提供综合数据服务，并将交易信息独立上区块链赋值，为建立农村信用评价体系奠定基础。2021 年 9 月，天津农交所被农业农村部认定为 2021 年度全国农业农村信息化示范基地，是全国唯一入选示范基地的农村产权交易平台。

五 实现村集体经济组织股权托管交易

天津农交所研发上线村集体经济组织股权托管交易信息系统，功能涵盖农村集体产权制度改革公告、登记托管公告、股权变动信息、成交公示查询、股权账户管理、村集体挂牌展示以及数据汇总分析等，为股权托管、股权变更、股权查询、股权分红、股权质押提供综合配套服务。通过对全市 2421 个村集体经济组织股权进行集中统一托管，规范股权管理，降低交易风险，提高村集体经济组织治理水平。以天津市西青区精武镇潘楼村股份经济合作社为例，2019 年 12 月，该村持有的慧杰佳园长期处于闲置状态的底商在农交所挂牌，挂牌价 365 万元 / 年，最终以 955 万元 / 年的价格成交，溢价率达 161.64%。当年该交易项目即为每位成员增收约 1 万元，得到了村民们的高度认可和赞许。

点评

天津市以农村土地“三权分置”改革为开端，以土地经营权流转先行先试为突破，陆续制定实施了一系列政策措施。建立农村产权流转交易市场，引导以农村土地为主的各类产权要素有序流转交易。通过推动农村集体资源资产进场公开交易，引导社会资本进入农业农村，不断推进农村集体和农民的资产资源要素资本化、市场化，实现了农村集体资产盘活、保值、增值，促进了农村经济发展和农民收入持续增加。

第 3 章

聚力发展乡村特色产业

理论解读

习近平总书记指出："产业兴旺，是解决农村一切问题的前提。"① "产业振兴是乡村振兴的重中之重，也是实际工作的切入点。没有产业的农村，难聚人气，更谈不上留住人才，农民增收路子拓不宽，文化活动很难开展起来。各地推动产业振兴，要把'土特产'这3个字琢磨透。……要依托农业农村特色资源，向开发农业多种功能、挖掘乡村多元价值要效益，向一二三产业融合发展要效益，强龙头、补链条、兴业态、树品牌，推动乡村产业全链条升级，增强市场竞争力和可持续发展能力。"② 习近平总书记的重要论述，为发展乡村特色产业提供了根本遵循。各地在推进巩固拓展脱贫攻坚成果同乡村振兴有效衔接中，把产业帮扶作为重中之重，发展乡村特色产业成为巩固拓展脱贫攻坚成果、推进乡村全面振兴的重要举措和抓手。但在实践中，聚力发展乡村特色产业依然存在不少挑战，体现在：一些地区脱贫摘帽以后乡村特色产业仍然发展不快，产业链条短且较低端，产业发展同质化严重且稳定性差，乡村稀缺资源难以有效聚合，导致脱贫人口、低收入人口持续增收缺乏长效的产业支撑体系。

本章的5个乡村特色产业发展案例，分别是：《云南鲁甸：小小花椒树致富大产业》《吉林白城："小庭院"做出"大文章"》《江西南丰：社会帮扶助推蜜桔产业发展》《辽宁宽甸：中药材特色产业稳脱贫促振兴》《四川苍溪：红心猕猴桃致富"金元宝"》。这5个案例代表不同类型，

① 习近平：《论"三农"工作》，中央文献出版社，2022，第277页。
② 习近平：《加快建设农业强国　推进农业农村现代化》，《求是》2023年第6期。

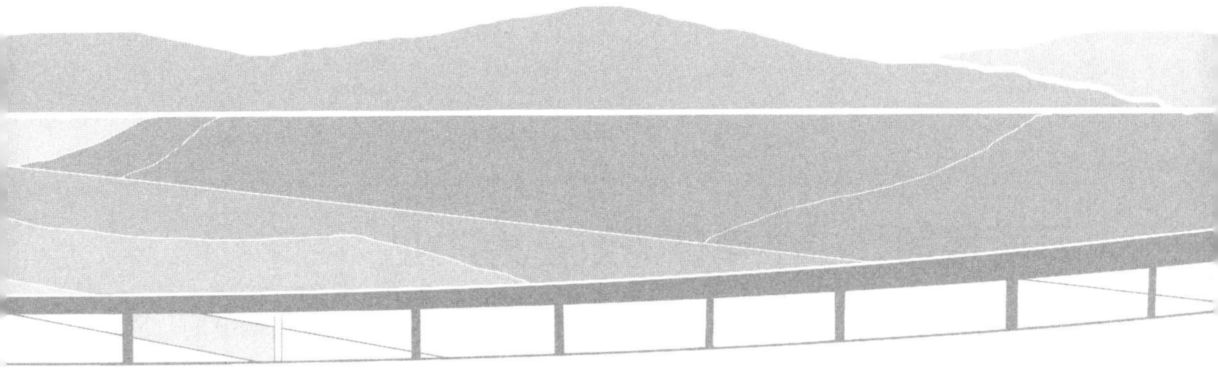

呈现出的特点以及蕴含的经验、理念主要是：一是立足乡村，发挥龙头企业的示范带动作用，将产业链增值环节更多留在乡村，构建合理的利益分配和联结机制，把增值收益更多留给农民，激发农民参与乡村特色产业发展的内生动力。二是凸显特色，依托农业农村特色优势资源，挖掘乡风民俗风情，传承乡村文化根脉，提升乡村生产、生活、经济、生态、文化等多重功能和价值，提供具有不可替代性的产品和服务，培育差异化竞争优势，推动乡村将特色资源优势转化为发展优势。三是夯实产业基础，改变传统的生产经营模式，对接市场需求，以资源优势为纽带，促进一二三产业融合发展，实现资源利用和发展方式的现代化转变，推动乡村产业升级换代。这些案例给人们带来的启示主要是：其一，发展乡村特色产业必须与农村资源禀赋相结合、与农民的切身利益和全面发展相结合、与农村社区发展相结合、与壮大乡村优势主导产业相结合，在尊重产业发展规律的基础上打造有特色、差异化区域品牌。其二，发展乡村特色产业，要注重乡村特色产业的市场分析，分清不同市场的不同特点，确定服务对象，把准对象需求，把握发展态势，根据不同发展阶段制定市场策略，绝不能盲目跟风，要走出一条科学发展、符合自身实际的道路。

学习借鉴这些案例的做法和经验，要以本区域资源禀赋和地理环境为基础，合理规划产业类型与发展布局，借鉴吸收其他地区围绕发掘乡村特色、集聚乡村资源、延长产业链条等方面的成功实践，在做好“土特产文章”上下功夫，进而形成具有地方特色的乡村特色产业发展之路。

云南鲁甸：小小花椒树致富大产业

导读

脱贫摘帽不是终点，而是新生活新奋斗的起点。云南省鲁甸县深入贯彻党中央、国务院关于巩固拓展脱贫攻坚成果同乡村振兴有效衔接的系列决策部署，始终把巩固拓展脱贫攻坚成果作为首要政治任务，严格按照“四个不摘”要求，坚持责任不松动、政策不断档、力度不减弱，持续发力、久久为功，努力开创乡村振兴新局面。近年来，鲁甸县坚持把产业发展作为群众稳定增收的关键抓手，突出“一县一业”，深入推进花椒产业做大做强，打造联农富农的主导产业，构造了防返贫、促振兴的坚实堡垒，探索了乡村特色产业发展的新路径。

鲁甸县位于云贵川三省接合部，是云南省 27 个国家乡村振兴重点帮扶县之一。鲁甸县种植青花椒历史悠久，是我国青花椒的主要产地，享有盛名。2015 年 1 月 19 日，习近平总书记在视察鲁甸地震灾区恢复重建时，给予了鲁甸花椒“小小花椒树，致富大产业”的赞誉。鲁甸县坚持“乡村振兴，产业先行”，立足资源禀赋、地理环境，着力打造绿色有机认证“青花椒产业基地”，大力扶持和引导龙头企业开展“三品一标”认证。按照“集中连片、管理配套、规模发展”的建设思路，实施花椒提质增效项目，将花椒产业作为促进农民增收致富的重点产业强力推进。2017 年 8 月，在鲁甸青花椒产业发展研讨暨招商引资推介会上，国家林业局（今国家林业和草原局）授予鲁甸县“花椒工程技术研究中心鲁甸青花椒基地”称号，云南省林业科学院（今云南省林业和草原科学院）授予鲁甸县“科技创新基地”称号。2019 年，鲁甸县以花椒产业成功创建云南省“一县一业”特色县。

一 突出“一县一业”创建，推动花椒产业高质量发展

鲁甸县委、县政府将花椒作为主导产业成功申报云南省“一县一业”特色县，高位推动花椒产业高质量发展，实现数量和质量双提升。举办鲁甸青花椒节、鲁甸青花椒产业发展研讨暨招商引资推介会，积极组织参加巴中·平昌青花椒采摘文化旅游节、韩城花椒大会、上海农博会等各类展会，在央视一个月不间断播出“鲁甸青花椒帮扶广告”，进一步扩大鲁甸青花椒的知名度、美誉度和影响力。

二 突出示范样板建设，带动区域产业发展

按照“产业化发展、规模化经营、基地化建设”要求，实行县、乡、村三级花椒科技示范样板创建，引领、辐射、带动群众大面种植青花椒。从 2021 年以来，建成县、乡、村三级花椒科技示范样板 23 个 21509 亩；完成龙头山万亩花椒基地、小寨至龙头山峡谷十里花椒长廊、梭山 4.6 万亩花椒连片种植；累计投入资金 5500 余万元，实施 24.1 万亩花椒提质增效项目；投资 407.36 万元，实施鲁甸县渔洞水库南干渠修复工程，引水灌溉小寨镇、龙头山镇近 4 万亩花椒基地；投资 2225.71 万元，实施鲁甸县 2020 年龙头山镇花椒示范基地供水项目，新建主渠道及配套渠系工程龙泉河右岸主干渠，覆盖灌溉面积 0.73 万亩；投资 3500 万元，实施江底、小寨、龙树、新街花椒高标准水肥一体化项目。一系列措施，使鲁甸县花椒产业发展从“建基础”向“见效益”转变。

三 突出绿色发展，提升花椒品质

鲁甸县大力扶持和引导龙头企业开展“三品一标”认证，通过认证不断提高内部管理水平，不断提升花椒品质，提高市场开拓和竞争能力，实现优质优价，用品牌化带动标准化，完成花椒有机认证10万亩。昭通市大成农业开发有限责任公司鲁甸“牛栏江”“椒原堂”牌青花椒和鲁甸县鑫辉农特产品开发有限公司鲁甸“三川半”牌青花椒均获生态原产地保护产品标志。

四 突出精深加工，提高附加值

一是按照“集中连片、管理配套、规模发展”的建设思路，将林产业作为调整产业结构、促进农民增收致富的重点产业强力推进。形成“政府引导 + 协会 + 龙头企业 + 基地 + 市场 + 农户”的产业化发展链，积极引导昭通市大成农业开发有限责任公司、鲁甸县鑫辉农特产品开发有限公司等农特产品加工企业扩大生产领域，参与花椒产品的精深加工、包装和营销，打造“牛栏江”“椒原堂”“梭山青花椒”等知名品牌。

二是提高鲁甸花椒市场竞争力、市场占有率，实现林产业区域价值的整体提升，确保椒农持续稳定增收，助推脱贫攻坚有效衔接乡村振兴。2021 年 6 月，成功引进云南砚池山农业发展有限公司建设集花椒交易大厅、研发中心、粗加工和精加工生产车间、冷库等于一体的鲁甸花椒生物科技产业园，延长花椒产业链，提高产品附加值。

五 突出技术支撑，促进高海拔花椒种植

与四川大学农产品加工研究院成功签订《鲁甸县人民政府 四川大学农产品加工研究院战略合作框架协议》，建成 6000 平方米的林产业生产车间，吸纳脱贫群众务工，打造林产业精深加工生产线，实现校县合作推动产业发展。为推动鲁甸县高海拔区域林产业发展，县政府组织前往四川、陕西等地考察，积极引进适宜高海拔区域种植的作物，探索一条适宜高海拔区域发展的林产业之路。2018 年，依托产业发展、退耕还林等项目，在海拔 1700—2400 米区域种植雪椒 3 万余亩，在龙树镇古寨社区建设高标准、规范化雪椒示范基地 300 亩，填补了鲁甸县高海拔山区没有经济林的空白。

六 持续完善利益联结机制

一是通过能人领办专业合作社带动脱贫户发展。充分考虑脱贫户缺乏资金、技术、管理能力的实际情况，按照“能人 + 合作社 + 农户”的模式，鼓励具有一定出资、筹资能力的种养大户、致富能手牵头，依照有关规定，发起、领办花椒专业合作社，以资金、技术、管理等方面的优势带动脱贫户参与花椒产业，促进农民专业合作社发展，发挥联农带农作用。充分发挥能人大户思路活、信息快、门路广等方面的优势，共同解决品种、技术、销售等方面的问题。例如，鲁甸县小雨点花椒种植专业合作社在理事长、全国第三批林草乡土专家之一阮忠山带领下，合作社成员从原来的 90 户增加到 126 户，花椒种植面积从 1000 余亩增加到 2021 年底的 2300 余亩，户均花椒收入超过 3 万元。

二是加强技术培训，提高农户经营管理能力。编制《鲁甸花椒栽

培与管理技术手册》《鲁甸县特色经济林实用丰产栽培技术》等实用手册，2021—2022 年累计开展花椒抚育现场培训会 165 次，培训人员 3.5 万人次，发放《花椒丰产栽培实用技术手册》5 万份，发放枝剪手锯 1.1 万套，切实提高了椒农种植管理水平，实现了花椒数量和质量双提升。林业技术人员带领椒农在良种良法、修枝整形、水肥管理、病虫害防治上狠下功夫，实现了花椒产业提质增效、增产增收。

三是通过龙头企业技术创新和精深加工带动农户稳增收。鲁甸县形成“政府引导 + 协会 + 龙头企业 + 基地 + 市场 + 农户”的产业化发展链，积极引导龙头企业参与花椒种植、加工、营销等环节，提高效益。如鲁甸县明德农业开发有限公司通过推广“四倍平掌型”修枝整形技术，每棵花椒树留 4 条主枝、100 条挂果枝，株高 1.6 米，单株挂果 35 斤，相比老果园传统种植模式，每亩花椒的植株数量从 40 株增加到 100 株，亩产量从 1600 斤增加到 3500 斤，大幅提高了椒农收益。昭通市大成农业开发有限责任公司、鲁甸县鑫辉农特产品开发有限公司等加工企业，参与花椒产品的精深加工、包装和营销，打造品牌，提高花椒的整体效益，确保椒农持续稳定增收。

截至 2021 年底，鲁甸县花椒种植面积 32 万亩，其中高海拔雪椒种植面积达 7 万亩，获得绿色有机认证的 10 万亩，产量达 1.02 万吨，产值达 9.59 亿元，占全县农业总产值的 37.5%，带动椒农 4.2 万户 18.2 万人户均增收 1 万元，其中脱贫群众 2.9 万人。例如，龙头山镇光明村是远近闻名的“花椒村”，全村 2100 多户家家种花椒，年收入 10 万元以上的有 20 多户、5 万元以上的有 1000 多户。2021 年，光明村花椒产业总产值达 6500 万元，实现户均花椒收入 2.66 万元。小小花椒树已成为鲁甸县富民强县、助力乡村振兴的大产业。

点评

云南省鲁甸县抓住乡村振兴战略机遇，坚持抓党建促产业发展，把花椒产业作为“一县一业”主导产业，通过抓示范引领促提质增效、抓精深加工促产业链延伸、抓品牌建设促高质量发展等方式，增强经营主体带富能力，提高产业帮扶组织化水平，形成了从花椒种植、采摘、初加工、精深加工到销售的全产业链，实现了生态效益、经济效益和社会效益的统一。花椒产业成为全县巩固拓展脱贫攻坚成果、推进乡村振兴的重要支撑。

吉林白城："小庭院"做出"大文章"

导读

吉林省白城市农户庭院面积约 18000 万平方米，可利用面积约 12000 万平方米，户均约 400 平方米，且日照充足，年平均日照时数 2910 个小时，昼夜温差大，土地呈弱碱性。为充分发挥这一资源优势，培固庭院经济联农带户模式，当地积极引导农户特别是脱贫群众提升产业发展能力，在"小庭院"里做出"大文章"，扎实推动巩固拓展脱贫攻坚成果同乡村振兴有效衔接，确保所有脱贫群众收入持续稳定增长。

吉林省白城市充分发挥资源优势，积极引导农户特别是脱贫群众提升产业发展能力，在"小庭院"里做出"大文章"。

一　探索产业发展模式

一是龙头企业带动模式。依托大型龙头企业，根据企业原料需求，发展订单式生产。如依托吉林省金塔实业（集团）股份有限公司、通榆县天意农产品经贸有限责任公司、白城艾高食品有限公司等，发展庭院辣椒种植；依托大连绿波白城甘草科技开发有限公司等，发展庭院中药材种植；依托通榆县绿色天成生态蔬菜经营有限公司（今吉林省绿色天成农业科技发展有限公司），发展庭院蔬菜种植；等等。

二是合作社、经纪人引领模式。鼓励农户成立农民合作社或利用现有农民合作社，实行统一种植品种、统一生产标准、统一购买生产资料、统一技术指导、统一产品质量、统一产品销售“六统一”，逐步走上分散生产、群体发展、联合经营道路。具体来说：一要发展反季节种植。依托庭院大棚反季、错季种植，使产品卖出好价钱。二要有规模。只有有规模，外地客户才会来集中采购。三要统一品种，实现“一乡一业，一村一品”。充分发挥合作社和经纪人信息灵、人脉广的作用，利用其掌握的市场信息和营销网络，扩大产品销售规模，提高销售价格，增加庭院经济收入。

三是品牌拉动模式。积极发展对市场有影响、被广大消费者认可的庭院经济产品，如洮北的雪寒韭菜、南国梨、油桃，镇赉的大葱、香瓜、柳编，洮南的辣椒、草莓、粉条、葡萄，通榆的辣椒、蔬菜，大安的黄菇娘、大挠子等，不断扩大规模，提高质量标准。

四是“互联网 +”农户模式。充分利用“互联网 +”，将庭院经济与电子商务发展有机结合。建设庭院经济综合性信息及电商平台，积极发展一批村级电子商务项目，把特色庭院经济产品拿到电商平台上去卖，扩大销路。与快递、外卖等平台合作，直接将产品送到用户手中。发挥网络社交平台作用，利用微信等社交平台吸引客户。推行互联网支付，促进便捷消费。

五是“私人订制”经营模式。鼓励种植大户及农民合作社有偿流转农户庭院土地，发展规模适度的庭院经济，与城镇有关人群签订产销合同，发展“私人订制”。特别是对老弱病残等没有经营能力的脱贫户，由村、社牵头，把他们的庭院转包给其他农户或合作社发展庭院经济，让他们稳定增收。积极开展有机、绿色、无公害农产品认证，引导农户按照标准发展庭院经济。

二 切实加强组织领导

白城市成立由分管副书记、副市长为组长，相关部门主要领导为成员的发展庭院经济工作领导小组，负责全市庭院经济发展的组织领导工作。领导小组办公室设在市农业农村局，负责全市庭院经济发展的组织协调、督查调度等工作。市委、市政府每年都召开全市会议进行部署，出台指导意见，对与会人员进行培训。市农业农村局由 5 名党组成员牵头组成 5 个工作组，对 5 个县（市、区）发展庭院经济等重点工作进行包片指导。各县（市、区）党委、政府也成立了相应的组织机构，明确任务目标，实行三级分包责任制，将完成目标情况与年终考核挂钩，形成一级抓一级、层层抓落实的局面。

三 及时总结推广典型

白城市认真总结发展庭院经济的过程中涌现出的典型，利用各种新闻媒体进行深入宣传、报道，并通过召开现场会、组织观摩活动等形式，推广典型，激发广大农民参与发展庭院经济的自觉性、主动性。大安市及时总结宣传舍力镇“养鸡状元”刘金英、大赉乡“草莓状元”李秋兰、丰收镇“养狐大王”吴仲贤等人的创业致富事迹，并重点宣传推介农业科技示范场的“开心农场”农业观光、采摘和月亮泡镇先进村“榔头泡”浴场与庭院种植、观光、采摘相结合的典型。2022 年，通榆县选派 104 名县、乡两级农业科技人员开展联系示范村、包保示范户活动，更好发挥庭院经济示范户的带动作用。洮南市以福顺镇草莓、车力乡红提、安定镇瓜果、洮府乡有机蔬菜种植等为样板，加大宣传推广力度，以点带面，助推庭院经济发展。镇赉县以典型现身说法形式，大力宣传镇赉镇南岗子村棚膜经济和庭院加工示范户徐成凯，杏花村“大葱之王”吴成军、“葡萄状元”刘玉杰等典型，激发了农民发展庭院经济的热情。洮北区编写《洮北区庭院经济典型材料汇编》并发放到乡、村、屯、户，引导农民发展庭院经济。

四 加大政策扶持力度

白城市各地采取多种措施，积极解决庭院经济发展资金不足的问题，采取银信部门贷一块、项目资金扶持一块、政府资金投入一块、群众自筹一块的办法，多渠道筹集建设资金。白城市通榆县作为省级深度贫困县，巩固脱贫成果任务很重，2021—2022 年仍然安排发展庭院经济补贴资金 5000 万元，补贴采取以奖代补方式进行。

五 有效提供科技服务

白城市各地充分发挥科技部门和专家志愿服务队的作用，开展科技结对子、送科技下乡和“项目进农家”等活动，采取多种方式，加大对农业新技术、农产品质量安全和标准化生产、市场营销、法律法规、环境保护等知识的培训力度，推广普及先进适用技术，指导农户发展庭院经济。例如，镇赉县围绕发展庭院经济深入开展“千名科技人员入百村”和科技人员支农“五个一”活动，洮北区印发 7000 份《洮北区发展庭院经济技术指南》，通榆县印发 1.5 万份《庭院经济作物栽培技术手册》。

六 不断壮大产业发展

白城市各地充分利用现有资源，围绕主导产业，实行分类指导，按照“宜种则种，宜养则养”的原则，科学确定发展项目。同时，依托龙头企业和专业合作经济组织，规范庭院经济的管理方式，引导庭院经济向组织化、规模化、产业化、市场化的方向发展。通榆县依托通榆县天意农产品经贸有限责任公司采取统一提供种苗、统一技术指导、统一订单回收“三统一”措施，大力发展庭院辣椒种植；依托通榆县绿色天成生态蔬菜经营有限公司，在向海蒙古族乡龙井村发展庭院大葱和萝卜种植；依托吉林省鑫源棉业有限公司，在双岗镇长青村发展庭院棉花种植，并与农户签订棉花种植回收合同。洮南市依托中电电气集团有限公司，在不影响庭院种养的前提下，实施光伏发电项目，实现 65 个贫困村全覆盖。洮北区洮河镇采取“公司 + 农户”发展模式，发展庭院绿色食品谷子生产，由吉林省御粟农业开发有限公司提供种子、化肥，并以保底价收购；到保镇以种植食用菌为主导产业；平台镇以种植韭菜、药材为主导产业；金祥乡在庭院开发种植绿色有机水稻，并进行稻田养蟹、养鱼。

点评

吉林省白城市把庭院经济与休闲农业和乡村旅游相结合，按照特色化、规模化、品牌化的要求和“宜种则种，宜养则养”的原则，实现传统项目上档次、优势项目上规模、特色项目上水平，逐渐由过去以政府推动为主、市场化运作为辅，变成以市场化运作为主、政府推动为辅，进一步形成“一乡一业、一村一品”格局，推动庭院经济发展提档升级，真正把“小庭院”打造成大产业，为乡村振兴提供了有力支撑。同时，充分利用“互联网 +”，借助电商平台销售特色庭院经济产品，不断扩大销路，大力推广“龙头企业 + 经纪人 + 农户”销售模式，大力培植农村经纪人队伍，组织龙头企业与经纪人签订订单合同，将过去由乡、村干部组织收购农户庭院经济产品改变为经纪人组织收购农户庭院经济产品，减少政府干预，增强了庭院经济发展的可持续性。

江西南丰：社会帮扶助推蜜桔产业发展

导读

江西省南丰县大部分脱贫户有桔园，但部分脱贫户缺乏启动资金和种植新技术，蜜桔品质不优，销售价格不高，收入不稳定。为了让他们在产业致富的道路上走得更稳更远，南丰县主动作为，创造性开展“众筹共享认领蜜桔，巩固拓展脱贫攻坚成果”活动（简称“众筹共享认领蜜桔活动”），计划用 3 年的时间将全县具有一定劳动力且自愿参与的脱贫户和监测户纳入众筹共享认领蜜桔活动中，发动社会各界人士积极参与认领，用爱心帮助脱贫户和监测户实现蜜桔产业发展持续增收。

南丰县地处江西省抚州市南部丘陵地带，全县蜜桔种植面积达 70 万亩，年均产量 26 亿斤，综合产值突破 130 亿元，被称为“中国蜜桔之乡”。南丰蜜桔被评为国家地理标志产品。唐宋以来，南丰蜜桔均被历代朝廷列为贡品，故有“贡桔”之称。俗话说“靠山还得吃山”，南丰县脱贫户几乎每户都种植了蜜桔，为进一步动员社会爱心人士积极参与到巩固拓展脱贫攻坚成果同乡村振兴有效衔接工作中来，2022 年，南丰县积极实施“两创、三引、四帮”众筹共享认领南丰蜜桔工作机制。全县各乡镇众筹共享认领桔树 2 万余棵，全年实现认领帮销蜜桔 400 万斤左右，帮助 1000 户脱贫户年户均增收 6000 元以上。

一 “两创”：创建两种众筹共享认领新模式

每年5—6月为众筹共享认领阶段。众筹共享认领分两种模式进行。一是直接认领模式。由乡镇政府牵头，引导乡贤等认领对象与种植蜜桔的脱贫户等签订众筹共享认领协议，领取认领牌，并将其挂在桔树上。众筹共享认领的桔树每年认领费用按当年蜜桔市场价150%为标准给付，认领对象在认领前预付100元/株，剩余费用待蜜桔成熟采摘后结清，预付款直接由脱贫户领取，此模式较好地解决了种植户前期启动资金短缺问题。二是间接认领模式。对没有桔树的脱贫户或监测户，由村委会对经营较好的桔园进行流转，经初步整理后，租赁给脱贫户或监测户种植蜜桔，打造众筹共享认领蜜桔精品示范点。由示范点所在的村初步统计众筹共享认领的人数、对应认领的桔树数量以及参与种植桔树的脱贫户数量，上报县巩固拓展脱贫攻坚成果工作领导小组办公室，众筹共享认领情况经统筹调配确定后向全社会公开，接受社会的监督。众筹共享认领的蜜桔价格、预付款参照第一种模式执行。

每年7—12月为众筹共享种植、销售阶段。通过爱心桔树“挂牌领、合伙种、共同销”的方式，桔园管理人在桔树上挂上有认领人信息的认领牌。蜜桔成熟后，由桔农负责采摘（10月15日至12月底，由认领人负责通知桔农），熟果归认领人所有，也可由认领人协调游客进园采摘。众筹共享认领的蜜桔，按照合同价格（需扣除年初预缴费用），销售收入直接归种植户所有。

二 “三引”：引领三种力量爱心助力帮扶

一是引领乡贤爱心助力，打造“乡贤+”帮扶新模式。巩固拓展脱贫攻坚成果与推进乡村振兴，人才是关键。乡贤是乡村振兴的重要力量，在项目引进、资金回流、企业回迁、信息回传等方面发挥着积极作用。紫霄镇朱坊村乡贤甘永盛多年来一直热心家乡建设，为家乡发展建言献策。在知晓全县开展“众筹共享认领蜜桔，巩固拓展脱贫攻坚成果”活动后，主动和镇党委、政府联系，要求认领桔树，为脱贫户助力。通过镇里引荐，甘永盛等乡贤首批认领了脱贫户的桔树 80 棵，一次性交纳预付款 8000 元。在众筹共享认领蜜桔活动中，各乡镇着力以“乡愁、乡情”为话题，强化乡贤对活动的认同感，凝聚共识。通过“一带十、十带百”的孵化效应，2022 年全县共有约 150 位乡贤参与活动，这极大地拓宽了南丰蜜桔的销售渠道。乡贤成为帮助桔农增收致富的生力军。

二是引领企业爱心助力，打造“企业 +”帮扶新模式。南丰县蜜桔种植与加工企业众多，2020 年，南丰多家蜜桔销售公司积极收购贫困户滞销的蜜桔，数量多达 900 万斤。江西抚州长运有限公司自 2016 年开始在南丰县太源乡开展驻村帮扶，驻村帮扶期间，积极帮助种植户销售蜜桔，每年帮助销售南丰蜜桔超万斤。自活动开展以来，以该公司董事长为首的领导班子对活动非常支持，积极响应，2022 年在该乡镇已认领桔树 85 棵。该公司表示下一步将发动公司名下 600 多名员工参与进来，充分利用各县区 11 个分公司及法水森林温泉度假村酒店等渠道，设立展销推广区，助力优质南丰蜜桔的销售。通过引领企业爱心助力，全县已有近 100 家企业参与到活动中，形成“一企众筹，多企抬轿”、企业“一人驻村，全员帮扶”的“企业 +”帮扶新模式。

三是引领社会组织助力，打造“社会组织 +”帮扶新模式。南丰县太和镇获评“中国龟鳖良种第一镇”，该镇龟鳖产业协会成立于 2016 年 4 月。2022 年，该协会有会员 1400 余户，通过“公司 + 基地 + 农户”的形式带动了太和镇 860 户农户从事甲鱼种蛋、种苗和商品甲鱼生产经营，面积 12000 余亩，户均年增收 10 万元以上。该协会在会长牵头引领下，组织 15 户会员首期众筹共享认领桔树 312 棵，预付认领费 3.12 万元。众筹共享认领蜜桔精品示范点建在南丰县臻呈农业发展有限公司，该公司多年来通过流转脱贫户等的桔园和长期聘用脱贫户在基地务工等方式带领群众脱贫致富。该公司将自繁自养生猪排放的粪便，经处理后用于桔园灌溉、农田施肥，形成“猪—沼—果”绿色生态种植模式。太和镇龟鳖产业协会会长说，太和镇龟鳖产业协会拥有大量的客户，每年在蜜桔销售期都会包装大量的蜜桔精品礼盒赠予客户，通过众筹共享认领蜜桔，一次性解决了精品蜜桔的货品来源，省力又省时。2022 年，南丰县已有约 10 个社会组织参与到活动中。

三 “四帮”：实施四个联帮

一是联系媒体帮助宣传，确保公开公平。每年 3—4 月为活动的宣传发动阶段，由县巩固拓展脱贫攻坚成果工作领导小组办公室研究制定实施意见，通过县政府门户网站、县融媒体微信公众号等将活动实施意见向社会公开发布。该时段恰逢蜜桔开花挂果期，各乡镇根据本地实际，引导参与众筹共享的对象前往基地赏花观光，初步达成众筹共享认领意向，各乡镇制定简单的活动方案并报县乡村振兴局，确定好本乡镇参与活动的基地和可能参与众筹共享的人员名单。2022 年 6 月中旬，南丰县委办联合多家帮扶单位在市山镇西村村举行首次南丰蜜桔众筹共享认领启动仪式，邀请县融媒体中心对此进行了专门报道，多形式、全方位在县政府门户网站和微信公众号等新媒体平台进行发布和转载，接受媒体和社会监督。

二是联系技术人员帮助指导，确保果品质量。“要想品质好，科学种植少不了”，确保蜜桔果品的质量是该活动能够持续的关键所在。南丰县要求众筹共享认领蜜桔精品示范点的蜜桔必须在乡镇蜜桔种植专职技术员指导下由桔农与认领人合伙共管，统一施用指定的绿肥、有机肥，并做好病虫害防治工作。

三是联系认领人帮卖，实现未产先销。众筹共享认领蜜桔活动，联系认领人帮销是重点。2022 年，南丰县大数据中心积极与第三方合作，开发手机认领 App，通过现代化的信息技术平台扩大认领的有效途径，实现线上线下快速对接认领。广大认领人表示该活动在帮助脱贫户发展产业的同时，也让大家体会到了农耕之乐，收获了高质量的绿色果品，可谓一举多得。

四是联系项目资金支持，助力品牌提升。众筹共享认领蜜桔活动是助力南丰蜜桔品牌提升、助推乡村振兴的重要行动，对于所建立的众筹共享认领蜜桔精品示范点，各地各部门优先安排乡村振兴建设项目，实施项目配套工程建设，改善桔园基础设施建设和生产条件，与全方位打造南丰县蜜桔“精品园、生态园、小康园”建设结合起来。截至 2022 年，南丰县为提升南丰蜜桔品质、解决南丰蜜桔运输难等问题，仅在扶贫项目方面就投入资金共 2221.5 万元，建设项目 61 个，为南丰蜜桔品质提升提供了有力的资金保障。

点评

作为“中国蜜桔之乡”，江西省南丰县利用自身特殊产业优势，创造性开展“众筹共享认领蜜桔，巩固拓展脱贫攻坚成果”活动，打造“乡贤 +”“企业 +”“社会组织 +”三种爱心助力帮扶新模式，通过爱心桔树“挂牌领、合伙种、共同销”的方式，实现脱贫群众蜜桔种植未产先销，助推群众增收致富。南丰县推进的“两创、三引、四帮”众筹共享认领南丰蜜桔工作机制具有较强的创新性、典型性、示范性，联农带农富农成效较好，其产业致富的经验具有一定的借鉴意义。

辽宁宽甸：中药材特色产业稳脱贫促振兴

导读

辽宁省宽甸满族自治县依托本地自然资源优势，结合县域经济发展实际，把发展中药材产业纳入县域经济发展总体规划和县政府年度工作目标，强化组织领导，抓好顶层设计，多措并举推进落实行动方案，建设省级药材基地，强化政策引导和资金扶持，完善连农带农机制，中药材产业发展成为地方支柱型特色产业，实现了企业发展、脱贫村壮大、脱贫户增收等多方共赢局面，为地方经济增长注入了新的活力。

宽甸满族自治县位于辽宁省东南部鸭绿江畔，森林覆盖率达 78%，是辽东地区中药材主要生产基地县之一。辖区内可适宜种植中草药面积约 300 万亩。野生中草药资源优质丰富，截至 2022 年底，查明药用植物 122 个科、960 多种，石柱参、辽细辛、辽五味子等是当地特色药材。近年来，宽甸大力发展中药材产业，中药材业逐步成为农民增收的重要来源。

一 强化组织领导，制定工作方案

宽甸县委、县政府高度重视中药材产业发展，制定印发了《宽甸满族自治县促进中医药发展实施方案（2018—2020）》《宽甸满族自治县中药材产业帮扶行动实施方案》，成立中药材产业帮扶行动领导小组，依托本地自然资源优势，结合县域经济发展实际，将中药材产业发展纳入县域经济发展总体规划和县政府年度工作目标，并写进每年的政府工作报告，明确突出中药材产业发展地位。

二 多措并举，优化布局，推进落实行动方案，建设省级药材基地

一是优化产业布局。结合中药资源普查工作，科学布局中药材产业发展，引导推广各乡镇广泛种植道地中药材。组织硼海镇、牛毛坞镇、振江镇、太平哨镇、青椅山镇等镇以“企业 + 合作社 + 农户”等模式推进中药材基地建设，形成“林地农地、因地制宜”“一乡一业、一村一品”发展格局。

二是建设示范基地。引导、支持省内外中药材企业建设“中药材产业帮扶示范基地”（相对集中连片 200 亩以上）。2021 年以来，参仙源参业股份有限公司（简称“参仙源参业”）在天桥沟建立的林下野山参基地面积有 5 万余亩，存苗量高达 10 亿株。辽宁林海中草药种植有限公司在青椅山镇碱场沟村建设中药材基地 228 亩，其中，苍术 140 亩，苍术播种苗 30 亩，白鲜皮播种苗 50 亩，黄芪、威灵仙等 8 亩。辽宁天龙药业有限公司（简称“天龙药业”）与硼海镇上甸子村、挂钟岭村 2 个脱贫村合作，在上甸子村种植北苍术 113 亩，结合三道湾村旅游，在三道湾村飞地种植观赏性中药材急性子等 294 亩，由天龙药业提供种苗及技术支持并签订回收合同；与个体经营者合作，在挂钟岭村种植苍术 200 亩；在上甸子村与绿怡果蔬专业合作社合作，种植射干 52 亩。辽宁光太药业有限公司（简称“光太药业”）与石湖沟乡楼房村、牛毛坞镇五道岭子村的村集体合作，建立玉竹、黄精、白鲜皮等示范基地 300 余亩。

三是建立“定制药园”。以光太药业为例，其建立的“定制药园”主要包括：在振江镇建立了五味子、柱参等“定制药园”近300亩，在石湖沟乡建立了玉竹、黄精、白鲜皮、草乌等“定制药园”215亩，在牛毛坞镇五道岭子村建立了黄精、白鲜皮等“定制药园”100亩，在红石镇建立了玉竹、白鲜皮、草乌等产业扶贫基地（“定制药园”）670亩。宽甸满族自治县中医院等医疗机构采购了光太药业以“定制药园”中药材为主要原料药的中药饮片。

四是建立良种繁育基地。支持建设良种繁育基地，加强良种繁育技术推广，培育质量稳定、供应充足的种子种苗。光太药业在石湖沟乡建立玉竹良种基地，在振江镇石柱子村建立柱参优质良种繁育基地200亩，在步达远镇新建关苍术种苗基地500亩。通过建立良种繁育基地，切实保障为中药材种植户供应优良种源。确立步达远镇胜利村2400亩防护林为野山参生态抚育区，为良种繁育持续提供优良种源保护。

三 强化政策引导和资金扶持

一是全面落实扶贫捐赠税前扣除、税收减免等扶贫公益事业税收优惠政策，引导和鼓励企业扩大中药材产业规模，引导、支持脱贫户主动发展中药材致富脱贫。通过政策引导推动，发挥专业部门指导服务作用，吸引、利用社会资本持续增加投入，发挥中药材企业市场主力军作用，统筹发展，合力推进中药材产业扶贫工作。

二是统筹使用农、林产业发展资金，企业扶持资金，科技创新资金，扶贫资金，壮大村集体经济项目资金等各类财政性专项资金；综合运用财政奖补、减税降费等政策措施，精准集中扶持中药材骨干企业、纳税大户和重点中药材产业。2020年以来，该县已批复中药材扶贫项目3个（位于硼海镇、牛毛坞镇、青山沟镇），投入资金300万元。

农业农村部门为光太药业发展中药材提供扶持资金20万元，工业和信息化部门为参仙源护肤品有限公司化妆品车间建设争取项目发展资金50万元。

三是强化宣传推介，充分利用各种媒体积极宣传推介该县中药材产业产品，组织光太药业和参仙源参业等企业参加第13届全国食品博览会暨酒业展览会，扩大企业品牌知名度。举办中药材产业发展论坛，加强中药材产业宣传推广，使群众进一步了解中药材产业，激发社会各界关心、支持、投资中药材产业。该县“石柱参”“宽甸山参”经国家知识产权局商标局核准，成功注册了地理标志证明商标。同时，该县加大力度开展地理标志证明商标保护专项行动，保护商标所有人合法权益，该县参业产业的发展。

四 培育经营主体，带动脱贫户稳定持续增收

一是农企“联姻”订单式带动帮扶。培育经营主体，重点扶持培育中药材企业，采取“中药材企业+基地+农户”的订单式生产收购模式，实现农企“联姻”，为分散在各乡镇、村的种植户免费提供中药材种苗和种植管理技术服务，企业指导农户自主管理，签约回收产品。光太药业为村集体提供种苗“签订订单回收”模式，村企共建中药材产业帮扶基地3750亩。

二是业态融合就业式帮扶。以中医药产业为引领，全面推进“中医药+旅游”“中医药+健康”融合发展，以中药材产业扶贫带动就业帮扶、旅游帮扶。2022年已建成参仙源参业国家级中医药健康旅游示范基地、光太药业省级中医药健康旅游示范基地。这2家企业分别建立多个“帮扶车间”，吸纳脱贫人口在家乡、基地、中药材企业各“帮扶车间”就地就近就业创业，实现就业增收。

三是统筹资金分红式帮扶。支持发展规模适度的中药材种养大户，

组建中药材产业合作社，与农户合作，采用“合作社 + 农户”模式，农户以土地、林权、资金、劳动、技术、产品参股，合作社定期按比例分红。扶持中药材企业、种植大户与脱贫村集体合作，将帮扶资金量化到村集体和脱贫户。

五 打造电商平台助力帮扶

政府加强涉中药材产业发展各部门资源的配置，推动“互联网 + 农林产品（中药材）”建设，全力打造具有宽甸地域特点的“品味宽甸”“满乡印象”等电子商务信息服务平台，提高中药材信息技术服务水平，拓宽中药材电商营销渠道。充分发挥农业技术推广服务中心等专业机构作用，为中药材产业帮扶提供信息服务，助力中药材产业不断发挥联农富农作用。

六 实现脱贫村、企业和农户多方共赢

中药材企业采取“中药材企业 + 基地 + 农户”的订单式生产收购、股份制合作、入股分红等模式，为种植户提供种苗、技术服务以及签约回收产品，发展建立了辽细辛、辽五味子、关玉竹、人参、刺五加、桔梗、龙胆等道地北药种植基地 5 万亩以上，直接带动全县 20 个乡镇近百个脱贫村 5000 多户（其中有 322 户脱贫户）药农种植中药材，户均年收益 8000 元以上。同时，促进生态建设，推进中医药健康旅游产业发展。例如，参仙源参业、光太药业创立了中医药健康旅游示范基地，带动了更多地区更加重视生态建设，将发展中药材产业和健康旅游相结合，种植观赏与药用相结合的中药材品种。这样既可打造适宜人居住的优美生态环境，又可实现经济收入增长，助推该县旅游

业发展。此外，通过发挥企业在市场中的主体作用和能动作用，在产业帮扶工作上科学谋划、精心组织、突出重点，着力提质升效，不断延长产业链条，打造中药材特色产业，推动企业带动地方农户持续稳定增收致富。

点评

辽宁省宽甸满族自治县立足自身特色优势，着力打造省级药材基地。多措并举，优化布局，通过建设示范基地、“定制药园”、良种繁育基地等方式，形成中药材产业集群。在产业帮扶过程中，重点扶持培育中药材企业，采取“中药材企业 + 基地 + 农户”的订单式生产收购模式，实现农企“联姻”。全面推进“中医药 + 旅游”“中医药 + 健康”融合发展，以中药材产业扶贫带动就业帮扶、旅游帮扶，实现脱贫村、企业和农户多方共赢，生态环境保护和经济高质量发展双丰收。

四川苍溪：红心猕猴桃致富“金元宝”

导读

近年来，四川省苍溪县发挥比较优势，把发展红心猕猴桃产业作为产业立县的重中之重，在特色产业发展、持续促进农民增收方面探索了新路子，取得了显著效益。其中，大园区带小庭园，构建种养循环产业链，让脱贫群众实现长期稳定增收；加工园联物流园，做强加工物流链，让脱贫群众从产业增值中获利；种植园联旅游园，拓展互动服务产业链，让脱贫群众从新业态发展中受益；等等。这一系列创新性做法，多渠道实现群众稳定增收的做法模式，有借鉴价值。

四川省苍溪县按照“建一个万亩产业园，连片增收过亿元，一个户办产业庭园，人均增收超万元”的工作思路，推行猕粮、猕蔬、猕药套作，种养循环，建设全域园区，实现园区连片帮扶与庭园精准帮扶互促共融。2022 年，全县红心猕猴桃累计栽植面积已达 39.5 万亩；年产猕猴桃鲜果 12.6 万吨，占全市红心猕猴桃的 87.78%，占全省红心猕猴桃的 65.49%；年综合产值 46 亿元，占全县农业产值的 35%。建成红心猕猴桃加工园，入园企业 6 家，建有年产 3 万吨的猕猴桃专用有机肥生产厂、年产值 10 亿元的猕猴桃精深加工中心，新开发猕猴桃深加工产品 32 种，年加工处理猕猴桃 15 万吨，产值 12.2 亿元，年吸纳脱贫人口务工 5300 余人，人均务工收入 1.1 万余元；建成冷链物流园，入园企业 4 家，引进国内首家红外线检测冷链分选万吨猕猴桃采后处理中心，年储运能力达 15 万吨。全县猕猴桃加工与冷链物流产值达 23.46 亿元，带动脱贫户年人均增收 1600 元。建成红心猕猴桃国家 AAA 级旅游景区 2 个、乡村旅游休闲体验农庄 187 家，规划建设中国红心猕猴桃博览园、国际猕猴桃风情小镇、五星级猕猴桃主题酒店，成功举办全国猕猴桃研讨会和苍溪红心猕猴桃采摘节，建成全国首个红心猕猴桃交易中心和县级“京东苍溪特产馆”，建成 186 个村级电商合作点，发展电商 268 家，建成全国电子商务进农村综合示范县，入选国家农业全产业链开发创新示范县。2022 年，全县红心猕猴桃年线上线下交易量达 12 万吨，带动脱贫户销售猕猴桃 4.5 万吨；旅游观光及服务业产值达 14.7 亿元，带动脱贫户年人均增收 600 元。

“园区 + 庭园”新模式带动致富产业大扶贫

园区带动连片发展。以红心猕猴桃产业园区建设为载体，推进猕猴桃百亿产业融合发展，连片推动产业帮扶。至 2022 年底，全县围绕“一园五区相融、四个统筹推进”连片规划布局建成万亩现代红心猕猴桃种植产业园区 13 个、千亩以上种植园区 66 个，栽种面积达 22 万亩，产业覆盖全县 31 个乡镇、218 个脱贫村。建成猕猴桃加工园区 3 个，新开发猕猴桃酵素、含片、果酒、饮料、口服液保健品等深加工产品 36 种。建成以红心猕猴桃为主题的旅游园区 3 个、农家乐 1187 家，带动近 6000 脱贫户户均增收 2000 多元。庭园带动精准帮扶。围绕“一户二亩产业园、三年脱贫超万元”目标，着力“三个一 + 四到户”推进产业庭园建设带动脱贫农户增收。“三个一”即户建一个产业园，户建一个微水池，户有一个技术明白人；“四到户”即政策资金到户，干部帮扶到户，技术培训到户，订单保单到户。2022 年，全县已有 90% 以上的脱贫户建成 1 亩以上的红心猕猴桃产业园。

二 “双带 + 双促”新机制带动扶贫产业大发展

一是“合作经营”带农户。全县通过“以奖代补”、“先建后补”、贴息贷款、担保融资、税费减免、优化环境等激励方式，大力引进培育工商资本和返乡创业人员领办龙头企业 7 家；领办猕猴桃专业合作社 124 家，社员 66500 户；建家庭农场 81 个，其中脱贫户建家庭农场 56 个。采取“新型经营主体 + 基地 + 农户”合作经营模式，发展红心猕猴桃产业。

二是“四保分红”带增收。创新“四保分红”利益联结机制。“四保”：保土地租金，全县流转土地达 20 万亩，亩均流转费 550 元，年土地租金 1.1 亿元，其中脱贫户土地租金 1100 万元。保园区务工，合同保障流转土地农户优先务工权，园区农民年人均务工收入 3 万余元，其中，脱贫户务工收入 6000 多元。保订单收购，对农户庭园种植的红心猕猴桃，由各类经营主体实行订单收购，订单生产覆盖面达 100%。产业保险，积极鼓励红心猕猴桃种植新型经营主体和农户参与保险，化解风险增加收益，全县参保 30.5 万亩，参保面达 95% 以上。“分红”：二次返利分红，广元果王食品有限责任公司推行订单收购，二次返利分红 184 万元，其中脱贫户分红 60 多万元。反租倒包分红，四川华朴现代农业股份有限公司反租倒包年实现超产分红 300 多万元，其中脱贫户分红 40 多万元。股权收益分红，永宁镇金兰园区探索财政支农资金股权量化改革，按投入帮扶产业发展资金的 20% 计 144 万元折股给 127 户脱贫户 254 名脱贫人口，每人可分得财政支农资金量化股金 9516 元。全县“租金 + 分红 + 农民年务工”收益 2 亿多元，带动近 2 万脱贫人口增收。

三是“以购代捐”促生产。通过帮扶单位和帮扶个人以适当高于市场价直接购买脱贫户农产品的方式，变直接向脱贫户送钱给物“养懒汉”的粗放式扶贫为购买脱贫户农产品以促其发展生产的造血式帮扶。2022年，全县通过实施“以购代捐”激励1.8万户脱贫户种植红心猕猴桃3.2万亩。

四是“以奖代补”促发展。全县每年设立不少于5000万元猕猴桃产业发展专项基金、不少于2亿元的统筹打捆项目资金，用于“以奖代补”支持猕猴桃产业发展。对建有2亩以上猕猴桃园的脱贫农户，户均补助6000元。对获得绿色食品、有机食品认证的企业补助2万元。对专营店连续5年每年补助1万元宣传广告费。对种植面积在100亩以上、管理运作规范的猕猴桃专业合作社，每年补助工作经费1万元。对首次取得出口基地、国家生态原产地、国家级质量生产安全基地等备案的单位（企业或合作社等）奖励5万元，对复核保持出口基地备案等的单位（企业或合作社等）奖励2万元。对出口额达到100万美元以上的单位（企业或合作社等）奖励5万元。对新建验收合格的5000吨以上气调库奖励5万元，1万吨以上气调库奖励10万元。对参与产业保险的农户，县本级财政补贴75%、果农自交25%；对新型经营主体，县本级财政补贴25%、自交75%，由保险公司提供每亩每年2000元的保险。

三 “电商+品牌”新业态带动乡村特色产业大增效

一是电商拓展市场。着力推进全国电子商务进农村综合示范县建设，建成“京东苍溪特产馆”和100多个乡村电商服务站，快速搭建起苍溪特色农产品电商交易平台。年均销售红心猕猴桃鲜果近1万吨、销售额超3亿元，带动脱贫村和脱贫户人均纯收入分别增长1380元、890元。推行产品期货交易。2022年，苍溪红阳猕猴桃、海沃德猕猴桃线上交易成交量2100多万吨，成交金额20多亿元。

二是拓展国际市场，2022年全县出口美国、欧盟、东南亚等国家和地区猕猴桃 15000 吨，实现收入 5 亿元。

三是品牌增加效益。通过举办苍溪红心猕猴桃国际订货会、采摘节，在中央广播电视总台等国内知名媒体和网络平台强化品牌宣传，极大地提高了苍溪红心猕猴桃品牌的知名度和市场美誉度，增强了品牌的影响力，提高了产品的效益。苍溪红心猕猴桃被评为中国驰名商标，获得国家生态原产地保护产品认证、国家出口产品基地认证、绿色食品标识、欧盟认证和质量安全体系认证，多次获得中国国际农产品交易会金奖。苍溪是全国绿色食品标准化原料生产基地、国家出口猕猴桃质量安全示范区等。2022 年底，苍溪红心猕猴桃品牌估值 80.99 亿元。猕猴桃鲜果产地收购价从 2015 年的每公斤 16 元上涨至 24 元，果农每亩产值由 2021 年的 16000 元上升至 24000 元，较往年增加 8000 元，高于全国其他地区近 2 倍。

点评

四川省苍溪县立足红心猕猴桃产业，以“庭院经济”和“电子商务”作为两大推手，助力脱贫户长期稳定增产增收。通过“园区＋庭园”新模式，推动猕猴桃百亿产业融合发展。用好“合作经营”“四保分红”“以购代捐”“以奖代补”等举措，激发农户参与扶贫产业的积极性。同时，打造“电商＋品牌”新业态，着力推进全国电子商务进农村综合示范县建设，实现扶贫产业大增收。其产业帮扶思路清晰，措施得当，具有一定的借鉴意义。

第4章

培育乡村新产业新业态

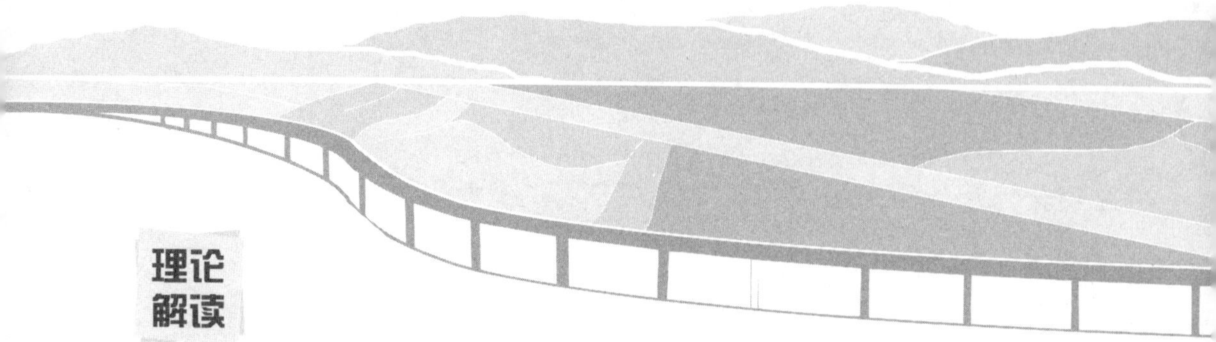

理论解读

习近平总书记指出："要适应城乡居民消费需求，顺应产业发展规律，立足当地特色资源，拓展乡村多种功能，向广度深度进军，推动乡村产业发展壮大。……发展乡村旅游、休闲农业、文化体验、健康养老、电子商务等新产业新业态，既要有速度，更要高质量，实现健康可持续。"① 探索乡村新产业新业态培育模式，推动乡村产业高质量发展，是全面推进乡村振兴、加快农业农村现代化、实现共同富裕的重要突破口，培育与发展乡村新产业新业态是促进农村经济发展、持续促进农民增收致富的重要方向和前景所在。从各地实践看，培育乡村新产业新业态存在的问题和挑战主要是：技术人才、建设用地、金融服务、基础设施等发展要素对现有乡村产业体系构成了较为明显的制约和阻碍，而乡村新产业新业态的发展规模小、品牌效应不明显、体系标准不完善，在市场拉动、政策推动、创新驱动、融合促动等方面还存在明显的薄弱环节。

本章选了 4 个案例，分别是：《河南滑县："总部 + 卫星工厂"发展模式创就业新业态》《宁夏原州："农文旅 + 产运销 + 铁担当"新业态助推产业发展》《黑龙江明水：电商成产业发展助推器》《江西石城：抱团合作兴产业》。这些案例的主要做法及经验是：一是围绕乡村新产业新业态可持续发展的瓶颈问题，立足自身资源禀赋与发展条件，推动乡村传统产业转型升级，探索发展休闲农业、乡村旅游、餐饮民宿、文化体验、电子商

① 习近平：《论"三农"工作》，中央文献出版社，2022，第 11 页。

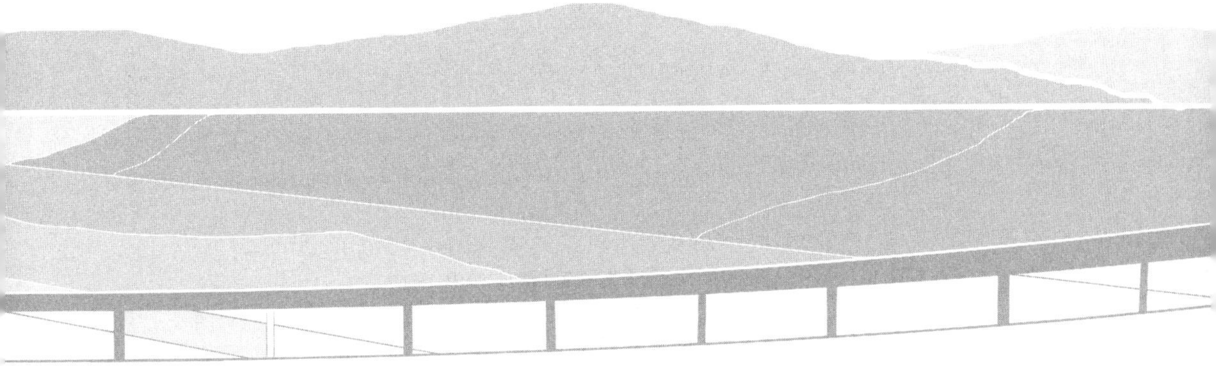

务等新产业新业态。二是借助互联网、大数据、人工智能、物联网等数字技术，创建汇聚智慧农业、电子商务、直播带货等功能的数字平台，实现农业经济、乡村产业与数字技术的深度融合，推动数字化赋能乡村新产业新业态发展。三是发挥社会组织、企业、帮扶干部等力量，积极引导农业产业化龙头企业，大力培育专业合作社、家庭农场等新型农业经营主体，推动基层政府、村集体、合作社、龙头企业、小农户等多元主体合力推动乡村产业融合发展，建立稳定、健康、长效的利益联结机制。

从这些培育乡村新产业新业态的典型案例，可以得到以下启示：第一，乡村新产业新业态是一种新生事物，需要政府提供政策支持与引导，优化发展环境，对新产业新业态的发展给予财政资金扶持，同时，主要调动市场、社会力量参与，鼓励农村大学生返乡，助力乡村新产业新业态发展。第二，乡村新产业新业态发展的初始阶段可能会出现乡村产业发展的无序状态，需要进一步加强市场监管与规范，建立新业态行业标准体系，规范新业态发展行为，向规模化、组织化方向健康有序发展。

学习借鉴这些案例的做法和经验时，首先要找准本地乡村新产业新业态发展的短板弱项和资源等比较优势，其次要结合实际对比典型案例的主要做法和工作亮点，在此基础上探索形成适合本地实际的乡村新产业新业态高质量发展之路。

河南滑县：“总部＋卫星工厂”发展模式创就业新业态

导读

河南省滑县县委、县政府历来高度重视产业发展，坚持以项目建设为抓手，以产业带动为重点，以促进就业、增加收入为目的，在发展产业、稳定就业上持续发力，聚焦打造百亿级纺织服装产业，找准企业发展和剩余劳动力就业的结合点，探索出“总部＋卫星工厂”产业发展模式，取得明显的经济和社会效益，持续巩固拓展脱贫攻坚成果，有效衔接乡村振兴，为实现农业农村现代化奠定坚实基础。

2012 年河南省滑县被确定为新一轮国家扶贫开发工作重点县之一，2017 年成为全国率先脱贫的 28 个贫困县之一。截至 2020 年底，全县 4.1 万户、13.64 万建档立卡贫困人口全部实现脱贫。2021 年，中共滑县县委荣获“全国脱贫攻坚先进集体”称号。滑县抢抓沿海发达地区服装劳动密集型产业向中西部地区规模性转移的机遇，结合县内劳动力丰富的优势，大力引进纺织服装企业。

2013 年，成功促成金泰服装有限公司（简称“金泰服装公司”）落户县产业集聚区。该公司占地 45 亩，是一家集裁剪、缝纫、包装于一体的大型现代化服装加工企业，主要与国外一些知名品牌合作，代加工休闲服、牛仔服、羽绒服系列服装，产品以出口为主、内销为辅，年生产能力 500 万件。为满足金泰服装公司发展和用工需求，2016 年开始，由政府协调提供土地，金泰服装公司按照“四统一”（统一标准、统一规划、统一设计、统一建设）标准，坚持贫困村（脱贫村）优先原则，在人口比较密集的村庄建设标准化厂房，称其为“卫星工厂”。每个工厂投资 200 多万元，占地 2.5 亩，设置一条生产线，容纳 100 个就业岗位，年生产能力 50 多万件，年均纳税 50 万元左右。2017 年金泰服装公司投入营运“卫星工厂”6 个，每个“卫星工厂”年销售额达 500 万元，公司年销售收入增加 3000 万元，经济效益突出。

滑县作为人口大县、劳务输出大县，年外出务工劳动力达 30 万人以上。没有外出的劳动力，多是农村妇女，她们由于需要照看老人和孩子，还要照顾庄稼，不能外出务工。如何把农村剩余劳动力吸纳到企业务工，既能解决企业的用工难题，又能让这些剩余劳动力在照顾家庭的同时就近就业以增加务工收入，是个亟待解决的问题。金泰服装公司负责设计、裁剪、整理和包装，把生产加工等劳动密集型环节放在人口密集的行政村建设“卫星工厂”的发展思路，找到了企业发展和剩余劳动力就业的结合点。基于金泰服装公司的成功实践，滑县找到了产业扶贫的新路子，开启了“总部 + 卫星工厂”产业发展模式的探索。

一 全面统筹谋划，绘制“总部 + 卫星工厂”蓝图

一是厘清带贫思路。滑县作为农业大县、人口大县，具备较大的劳动力优势，而以金泰服装公司为代表的服装加工企业恰恰面临用工难题。为解决供需矛盾，滑县县委、县政府抓住机遇、因势利导，探索了“总部 + 卫星工厂”产业发展模式，即将工厂建在田间地头，吸纳一批剩余贫困劳动力就近务工增收，工厂产权归所在村集体所有，增加村集体经济收入，工厂运行过程中进一步增加乡镇税收，同时节约了企业生产经营成本。

二是充分摸排调研。新产业发展模式的探索，需建立在对县情、

乡情、村情全面了解和专业分析的基础上。为摸清吃透“总部 + 卫星工厂”产业发展模式的成长土壤，滑县政府组织各乡镇（街道）开展全面摸排，对各乡镇富余劳动力情况、就业意愿和具备建厂用地条件的村进行调查筛选，为“卫星工厂”建设的适宜性、布局的合理性和下一步招工投产做好前期准备工作。

三是明确责任义务。在具体实践过程中，滑县县委、县政府制定了“卫星工厂”建设合作协议、“卫星工厂”地上建筑物征收补偿协议、“卫星工厂”租赁带贫协议等，协议商定由各村委会将本村建设用地提供给企业建设“卫星工厂”，由企业负责建厂、生产经营等，企业每年交纳一定的租赁费用给建厂所在村，作为该村的村集体经济收入。工厂投产后，要优先聘用所在村及周边村庄的剩余贫困劳动力，政府对“卫星工厂”的生产运营、租赁带贫和收益分配等进行监管，确保贫困户和有关乡村真正受益。

二 加大支持力度，扩大“总部 + 卫星工厂”优势

一是统一规划。滑县县委、县政府将“卫星工厂”建设纳入脱贫攻坚规划，加大“卫星工厂”建设力度，扩大“卫星工厂”带贫优势。“卫星工厂”的选址直接关乎“总部 + 卫星工厂”产业发展模式的辐射带动效应，滑县县委、县政府对此高度重视，按照“土地手续合法、中心村优先、便于就近就业、便于企业管理”的原则，结合各乡镇（街道）摸排调研情况，组织县发展改革委、县土地局等相关部门实地查看、联合办公，多次召集相关部门、办厂企业、乡镇代表等共同商讨“卫星工厂”布点选址，统一规划布点“卫星工厂”。

二是创新模式。为了减轻企业投资压力，加快“卫星工厂”建设进度，不断探索创新政府、企业的合作模式，统筹考虑政府职责和企业发展诉求及规律，找准政府和企业合作的最佳契合点。通过不断地

协商和反复论证，最终采取“企业建设，政府征收补偿，企业租赁带贫”的方式，建设“卫星工厂”47 个。

三是市场运作。滑县政府积极引导政府融资平台城投公司参与服装产业发展，借助城投公司的资金力量支持建设“卫星工厂”35 个，助推纺织服装产业发展壮大。截至 2020 年，全县共建设“卫星工厂”88 个。“卫星工厂”初具规模，“总部 + 卫星工厂”产业发展模式渐具雏形。

三　加强工厂管理，发挥工厂带贫作用

一是乡镇监督管理。“卫星工厂”由所在乡镇人民政府监督管理，重点对租赁企业租金缴纳、生产运营、就业带贫和收益分配等进行监管，签订租赁带贫协议。“卫星工厂”实行统一编号、统一命名、统一标识（标牌）。

二是部门密切配合。发展改革、财政、工业和信息化、人力资源和社会保障、扶贫、安监、消防等部门结合各自职责，加大政策支持力度，助推“卫星工厂”健康有序发展。

三是明确收益分配。每个“卫星工厂”每年租赁费用 5 万元，裁剪后整仓储中心每年租赁费用 15 万元，租金收益归所在村集体，交村“三资”账户监管，用于扶贫带贫工作。

四是紧盯带贫效果。“卫星工厂”带贫效果的认定由县乡村振兴局负责，聘请第三方对“卫星工厂”带贫情况进行评估，不定期抽查“卫星工厂”的带贫比例。带贫比例达标的，可继续租赁“卫星工厂”，带贫不达标且不履行带贫义务的，限期整改，整改不到位的，取消租赁资格。

点评

勇于改革创新是巩固拓展脱贫攻坚成果、全面推进乡村振兴的硬核所在。滑县的独特县情决定了巩固拓展脱贫攻坚成果、全面推进乡村振兴没有现成的路子可循，要敢于从受限的客观条件“突围”，增添新动能。“卫星工厂”是滑县首创，2018 年，河南省出台文件，将这种性质的工厂统称为扶贫车间。这些由基层探索而上升到全局的改革创新，“落一子而全盘活”，为滑县巩固拓展脱贫攻坚成果同乡村振兴有效衔接增光添彩，为全面推进乡村振兴打下了坚实基础。实践证明，欠发达地区发展滞后，唯有改革创新才能激活后发优势，关键是敢不敢于正视问题，善不善于在发现问题中寻找改革创新突破口。要赋予基层更大改革自主权，鼓励基层结合实际进行差异化探索，使改革的思路和措施更好满足群众诉求，确保各项改革有创新性内容和实质性推进。

宁夏原州："农文旅 + 产运销 + 铁担当"新业态助推产业发展

导读

中国国家铁路集团有限公司（简称"国铁"）在定点帮扶宁夏回族自治区固原市原州区过程中，立足当地资源禀赋和发展实际，聚焦产业帮扶提档升级，以"可造血、可持续"为原则，探索形成了"农文旅 + 产运销 + 铁担当"的新业态，打造长效产业帮扶模式。以此持续加大帮扶资金投入，打造"铁字号"帮扶队伍，在助力原州区乡村全面振兴中作出了新贡献。

宁夏回族自治区西海固地区曾是国家 14 个集中连片特困地区之一。中国国家铁路集团有限公司坚决贯彻落实党中央、国务院开展定点帮扶的决策部署，在宁夏回族自治区固原市原州区有力有效开展帮扶工作。国铁发挥自身比较优势，结合实际探索实践，在发展壮大特色产业帮扶、拓展消费帮扶、创新驻村帮扶 3 个方面形成了可学习借鉴的定点帮扶模式。

一　壮大产业为乡亲们铺就"致富路"

国铁先后帮助姚磨村建起具有智能育苗技术的高标准连栋智能温室，建设蔬菜深加工流水线作业的净菜分拣加工包装车间，以及 24 座大型有机蔬菜拱棚，有力推动了冷凉蔬菜种植向规模化、标准化发展，进一步汇聚整合了冷凉蔬菜仓储保鲜、冷链运输、集中配送能力，全产业链“外溢”效应显现。2022 年，姚磨村蔬菜基地的生产次数已从一年一茬变成一年三茬，年产量达 17 万吨，高品质的蔬菜深受经销商青睐，畅销全国市场。

为帮助姚磨村走出一条可持续发展之路，国铁积极探索推动其现代化农业向农文旅融合方向拓展，先后捐赠退役火车机车、车厢等设施，帮助姚磨村打造具有铁路元素的“时光列车小镇”，助推发展独具特色的乡村旅游、采摘体验等项目，打造集果蔬新品种展示、采摘及蔬菜品鉴养生于一体的休闲旅游观光产业园，助力冷凉蔬菜一二三产业融合发展。“时光列车小镇”建成后增加就业岗位 200 余个，惠及脱贫人口 2800 余人。2022 年，姚磨村成功入选第四批全国乡村旅游重点村。

“乡村振兴，大有可为，我们将依托铁路帮扶的力量，让乡亲们过上更加美好的幸福生活。”对于村子的未来，姚磨村党支部书记姚选信心满满。

原州区杨郎村万亩果蔬种植基地里，一排排小型香瓜拱棚整齐排列，棚内绿叶衬托下的香瓜圆润饱满，香味扑鼻。高效节水滴灌设施正在根据果蔬土壤湿度自动开启滴灌模式，不远处的果蔬集散交易中心、储藏保鲜一体化的冷库和制冰车间里，工人们正忙着将香瓜分拣、装箱、称重、冷藏、装车。

“国铁这几年给村里建设的冷库、制冰车间和灌溉改造项目，实打实帮了我们大忙，节水滴灌、仓储保鲜、冷链运输解了我们的燃眉之急，我们才敢把果蔬种植面积发展到 6000 多亩。”杨郎村原党总支书记曹辉说，“在杨郎村合作社长期务工的村民，以工资入股的方式参股，年终可以得到分红收入，2022 年入股合作社的村民有 165 户，我们要吸纳更多的脱贫群众入股。2022 年，杨郎村人均收入超过 17 万元。”

肉牛养殖在原州区经济社会发展中举足轻重，但过去养殖户的利润仅依靠不计成本的廉价劳动力和自种青贮玉米来转化。“原本院子就不大，加上建牛棚，修草料棚，让居住空间变得拥挤不堪，养几头牛都没有地方。”想起过去，安和村村民马吉全说。

国铁想群众之所想，急群众之所急，主动对接，帮助安和村打造“养种循环、饲草兼顾”生态农业，建设占地 106 亩、养殖规模达 1600 头的肉牛养殖园，将农户分散养殖的肉牛集中在一起实施统一管理，人畜混居问题得到较好解决，还极大改善了周边农村人居环境。“铁路帮建项目帮我们把养殖场修起来，家家户户的牛集中喂养，人畜分离，家里没有异味，生活舒适了好多……”马吉全说起铁路帮建项目带来的好处，赞不绝口。

至 2022 年底，姚磨村辐射带动周边 10 个村组种植蔬菜面积达万亩以上，年产值达 6000 万元，年吸纳 3000 人次农户就近就业增加收入；安和村存栏肉牛 1097 头，产值 2000 余万元，年实现利润 400 万元，村集体经济收入 30 万元以上……产业帮扶真正成了农民增收致富的“新引擎”，资源变资产、资金变股金、农民变股东，更多就业机会和产业链增值收益反哺脱贫户，群众在共享乡村振兴“红利”的同时，自家的“钱袋子”也越来越鼓。

二　产销对接　蹚出乡村振兴“新路子”

在原州区头营镇徐河村，宁夏马逗叔食品有限公司（简称“马逗叔食品公司”）生产车间轰鸣的机器声、“咔咔”的打包声和工人们的欢笑声融成一片。自 2019 年获得铁路消费帮扶“进站上车”资格后，该公司产品陆续进入多组高铁和普速列车，以及 40 多个站场自动货柜销售。

“以前农闲时节在外头打工活不好找，钱不好挣，家里几个娃娃都在上学，经济压力非常大。现在，在自家门口就能打工挣钱，收入还稳定，产品有铁路帮扶销售，一年效益也好得很。”在马逗叔食品公司务工的村民张勇说。

像马逗叔食品公司这样进入国铁消费帮扶企业名单的原州区企业还有30多家。国铁帮扶龙头企业——宁夏鹿盘山饮用水有限公司针对进入铁路市场后订单扩大的实际，聘用大店村55名脱贫群众就业，人均年收入近3万元，同时将瓶装水贴标、配送等业务向脱贫户外包，按市场价格上浮20%支付工资。宁夏好水川养殖有限公司（简称“好水川养殖公司”，今宁夏好水川农业科技开发有限公司）、宁夏碧蜂源蜂产业有限公司、宁夏正杞红枸杞产业发展有限公司等则通过生产“得现金”、务工“挣薪金”、入股“分红金”、土地流转“获租金”等利益联结合作方式，带动和帮扶脱贫户持续稳定发展。

近年来，国铁用足用好铁路消费市场资源优势，创新拓展消费帮扶举措，借助铁路客运市场资源，在全国431个车站、2237列客车、2880个帮扶产品直销店或专区“进站上车”；大力扶持原州区等脱贫地区推荐优质农产品入驻“铁路12306”、“中铁快运商城”、“掌上高铁”、铁路消费帮扶智能售货柜等“三网一柜”铁路电商平台。2022年，平台已入驻帮扶产品4000余种，其中原州区有150余家企业和产品入驻、开店盈利。国铁充分发挥铁路运输优势，积极组织开行“点对点”货运列车、特色农产品集装箱班列等列车运输产品，帮助帮扶企业降低物流成本。同时依托新组建的中铁顺丰、中铁京东物流，大力实施“冷链仓储+高铁快运+门到门快递”等物流服务模式，促进帮扶地区农产品物流体系建设，助力打通农产品产运销“最后一公里”。

国铁的帮扶使一个个企业有了扩大生产规模的底气。好水川养殖公司生产的自热米饭、生态鸡、牛羊肉熟制品等产品“坐”上火车后，先后吸引内蒙古、黑龙江、安徽、云南、海南等近30个省（区）的代理商加盟，自热米饭、火锅、卤制鸡爪等产品供不应求，企业年销售收入逐步增长到3000万元左右，随即又建起2栋标准化鸡舍，每年可出产三黄鸡24万只，实现了企业发展与脱贫户增收的长期受益，有效拓展了当地群众增收致富途径。

铁路消费帮扶持续推动农副产品入网、“进站上车”，持续扩大帮扶地区农特产品品牌影响力，促进帮扶企业和村集体经济实现从“建起来”到“活起求”再到“强起来”的跨越升级，逐步形成具有鲜明铁路特色的消费帮扶工作新模式。2022 年以来，国铁累计完成消费帮扶 3.6 亿元，推动特色产品“走出去”，打通冷凉蔬菜、牛肉等农产品与上海、广东、福建等发达地区的长期销售渠道，助力当地产业提升了规模化、标准化和持续发展能力。

三 “铁军”驻村 乐做帮扶群众“贴心人”

“像当兵一样光荣，像插队一样难忘”，这是国铁派驻原州区杨郎村驻村第一书记付进举的帮扶日志封面上写着的一句话。每天早晨 7 点半，原州区头营镇杨郎村委会里，95 后的付进举已经开始了一天的忙碌，等着他的是从早到晚排得满满当当的工作计划：组织村干部进行社保登记，走访慰问村里孤寡老人，为村里的灌溉设施安装标识牌……

2019 年 4 月，付进举通过组织选派成了一名国铁驻村干部，先后在原州区的宋洼村、杨郎村工作，他与乡亲们同吃同住，每月平均走访贫困户 30 户以上，全年驻村时间超过 240 天。2020 年受新冠疫情影响，杨郎村十几万斤成熟的香瓜和甜玉米滞销，付进举主动带着刚摘的香瓜、甜玉米样品，赶往银川、兰州等地区进行推销。3 个月的时间里，他走访 15 家单位，帮助杨郎村售出香瓜 2 万多斤、甜玉米 2472 箱，创收近 20 万元。

驻村 3 年多的时间里，付进举用真心换真情，带着“温度”帮扶，赢得了群众的信赖和支持。他最大的感受就是老百姓对自己十分关心和信任，这是对他开展帮扶工作的最大鼓励。如今，杨郎村乡亲们的土坯房变成了砖瓦房，乡村小路变成了柏油马路，自来水和路灯、文化活动室等成为村里的标配，村民们笑容更多了，发展致富的劲头也更足了。付进举深有感触地说："农村是广阔天地，让人经风雨、练本事、长才干，我在这里找到了自己的人生价值，找准了自己为之奋斗的精神坐标。"

国铁在原州区共派驻了 11 名帮扶干部，他们行走在田间地头，一心为民探索致富发展路径。帮扶工作队队员张胜最忙时连续驻村 3 个多月，没有回过家；冉琦先后在多个帮扶岗位工作，任劳任怨，被誉为帮扶工作"老黄牛"；罗晓利紧盯村集体经济项目，抓管理、抓经营，使帮扶项目产生了良好的经济效益……

近年来，国铁派出的帮扶工作队先后帮助 1201 户脱贫户补栏肉牛 1686 头，种植特色农作物 4189 亩，户均增收 7000 余元；帮建村集体产业项目 10 个，年总产值近 1.8 亿元，450 多名脱贫户就近就业务工实现增收 600 万元；先后协调铁路单位招录贫困家庭毕业生 139 人、劳务工 747 人……他们用浓浓的温情打动了帮扶村的群众，用实实在在的帮扶成绩赢得了当地政府和老百姓的认可。

点评

中国国家铁路集团有限公司立足自身优势，在产业帮扶宁夏回族自治区固原市原州区过程中用足用好铁路消费市场资源优势，帮扶产品入驻铁路系统智能售货柜，组织开行"点对点"货运列车、特色农产品集装箱班列等列车运输产品，帮助帮扶企业降低物流成本。探索实施"可造血、可持续"的长效产业帮扶模式，汇聚整合冷凉蔬菜仓储保鲜、冷链运输、集中配送全产业链，助推现代化农业向农文旅融合方向拓展。创新帮扶形式，以铁路帮扶助力乡村新产业新业态成长，让当地特色产品坐着火车跑向全国各地。国铁在帮扶过程中形成的路径和方法对于中央单位定点帮扶工作具有一定的借鉴意义。

黑龙江明水：电商成产业发展助推器

导读

黑龙江省明水县被确定为全国电子商务进农村首批试点县。该县主动融入农产品电商发展大潮，以电商发展为引领，培育壮大特色优势产业，创新推行“菜单式”产业帮扶模式，精准对接“园田地”定制等 14 项帮扶产业，积极探索产业帮扶新路径，力促电商发展与乡村振兴深度融合，初步走出了一条电商发展与产业帮扶融合之路，涉农电商发展成为县域产业发展的助推器。

截至 2022 年 8 月，黑龙江省明水县户均有 2 个以上帮扶产业链接，产业帮扶带动脱贫户增收 9951 万元，拉动脱贫人口人均增收 4700 元。明水县成为黑龙江省电商发展第一个试点县，在黑龙江省首批示范县验收中取得综合评定第一名的成绩。明水县在淘宝和京东开办网店 280 多家，全县线上销售额超过百万元的店铺达 15 家，拉动 1000 余人就业，其中脱贫人口 300 多人，年人均增收 1 万元左右。明水县电商发展促进产业发展、农民增收的主要做法如下。

一 抢先布局，营造电商发展浓厚氛围

一是订规划。确定了打造互联网应用大县、电商人才大县、现代农业产业电商化大县、绿色食品电商企业大县、寒地黑土特色产品输出大县、知名电商品牌大县、信息化服务大县等目标，以及培育网店网商、电商企业、电商品牌、电商人才、产品基地五大集群，建设“北国 E 城”的目标。

二是抓培训。县级层面，县领导分 6 个批次 36 人次在商务部、淘宝大学电商研修班学习，先后赴浙江桐庐、遂昌等 7 省 11 地学习考察电商经验。县内开展电商大讲堂培训 21 次、“手把手”培训班 60 期，培训人员近 3 万人次，营造了发展电商的浓厚氛围。坚持扶志与扶智相结合，实施了百村千人培训计划。通过与一家电子商务公司合作，开展电商技能培训，覆盖 99 个行政村，年培训 1000 余人次，让脱贫人口坚定致富决心，增强自我发展意识，提升造血功能。

三是建机构。组建了全省第一个电商办，并升级为正科级“互联网 +”办公室，培养锻炼了一批精通“互联网 +”和农产品营销的干部。此外，县内公共场所实现了免费 Wi-Fi 全覆盖，成为全省第一批“全光纤县”，为发展农产品电商提供了技术支撑。

二 创新模式，打造脱贫攻坚产业引擎

一是实施“园田地”订制推进帮扶。主打帮扶牌，推出“我在乡村有块园、我在明水有亩田、我在明水有基地”线上线下营销活动，创造“经营业主 + 基地 + 服务管家”的新型生产经营模式，2022 年带动 8291 户采用此生产经营模式，实现户均增收 300 元以上，电

商发展助推了产业帮扶的路走得更稳。在实施“园田地”订制的基础上，围绕“订农还工、订粗还精”理念，创新推出以“农户 + 龙头企业 + 客户”为核心的订制帮扶新模式，域内外 45 家企业通过网站订购、企业采购、基地直供订单、网络平台订制等形式，订制农产品总金额 3054 万元。

二是培育龙头企业带动脱贫户。电商企业通过“公司 + 合作社 + 脱贫户”模式，签订种植业订单 5 万亩。

三是落地村淘宝网点带动脱贫户。明水县启动了全省第一个农村淘宝项目，建成村级网点 69 个。阿里平台数据显示，2015 年下半年至 2022 年底，明水县工业品下行代购金额近 9000 万元，按节省消费成本 12% 计算，为广大村民节省购物成本约 1080 万元，总量 80 万单按每单节省物流成本 5 元计算，快递费用节约近 400 万元。依托村级的“爱心淘小铺”，实行 1 个淘宝店带 5 个网点、1 个网店带 5 户脱贫户的帮扶机制，将脱贫户应季蔬菜及鸡、鸭、鹅、禽蛋类等产品通过菜鸟物流配送到城镇 4 个社区天猫优品店，向城内广大居民销售，帮助脱贫户农产品卖出好价钱。

四是用好活动载体帮扶脱贫户。明水县与淘宝、天猫、京东、小康龙江等平台深度合作，相继开展“一县一品”“香甜农场”“全国丰收季”“京东众筹”等活动。

五是开展爱心消费助力脱贫户。针对脱贫户开展“良心换爱心”电商消费系列帮扶活动，实现帮扶与脱贫精准对接，开展“良心蛋”“甜姑娘”“爱心猪团购”“为抗战老兵敬送红谷子小米”等脱贫户农产品线上线下营销活动 10 余次。通过“你出良心产品、我献爱心帮扶”，既有效解决了偏远乡村脱贫户农产品变现难题，更为推进乡村产业振兴创造了有利条件。

三 优化链条，构建保障支撑服务体系

坚持“基地承载，产业支撑，三产融合，工农互动，品牌引领，电商突破”思路，全力打造产业发展闭环。抓好基地建设，大力推行一个新型经营主体领办一处基地，每处基地都有全程质量监测和追溯体系、品牌和“三品一标”认证、线上线下销售渠道等 7 项标准的“1+7”基地建设模式，面积达 175 处 25 万亩。通过电商摸清市场需求，引导产业方向，明水县形成以黑豆、红谷子小米、干菜、艾草、蒲公英、鲜食玉米、食用菌为主体的“上善七宝”扶贫重点产业，推动群众持续稳定增收。

四 全员发动，助力“草根”创业就业圆梦

一是建园区。用好用活省财政下达的 2000 万元补贴资金，吸引社会资本投入 5200 万元，建设了内设线上线下销售、产品体验展示、电商培训、仓储物流等十大功能区的寒地黑土淘缘明电商产业园，引入域内外 21 户大型电商企业和小微企业入驻产业园，重点承接和带领县内农业新型经营主体、龙头企业线上销售农产品。

二是政策支持。对刚从事电商创业的新人，开展“零基础”培训、“零收费”入园、“零投入”开店、“零成本”创业、“零风险”就业活动；对有一定业绩的个体和企业出台 18 条优惠政策，形成从抱团开店到携手闯关，从各专其业到全链条增收的良好态势。针对脱贫村，在村淘合伙人培养与选拔上、在电商产业链的各环节人员聘用上，重点培训和录用脱贫人口，以促进脱贫人口就业，达到致富、增收的目的。

三是鼓励能人带动。引导大学生、农村青年返乡从事电商创业发展，带动脱贫户发展农村电商。

点评

作为全国电子商务进农村首批试点县，黑龙江省明水县以电子商务发展促进产业发展为抓手，主动融入农产品电商发展大潮，培育壮大优势特色产业。组织电商培训，营造电商经营氛围，发展定制农业，培育龙头企业，多措并举打造脱贫攻坚产业引擎。同时做好配套服务保障工作，优化网络建设，扶持电商基地，全力打造产业发展闭环。让特色农产品走出产地，走向全国，离不开电商平台的助力。各地在发展当地特色产业时，要把握好涉农电商发展这一助推器，探索一条电商发展与产业帮扶融合之路。

江西石城：抱团合作兴产业

导读

合作社是发展农村经济、增加农民收入的重要载体。江西省石城县充分发挥合作社带动作用，建立规范运营的利益联结机制，引导农民群众与合作社抱团发展，壮大了村级集体经济，富裕了一方百姓，助推乡村振兴。2019 年，石城县与中国扶贫基金会（今中国乡村发展基金会）、上海新力公益基金会等社会力量合作，以白莲产业为切入点，在白莲主产乡镇大由乡试点，组建石城县中力种养专业合作社（简称“中力合作社”），构建“政府＋社会力量＋合作社＋农户”多元合作机制，协同推进县域白莲产业高质量发展，探索出合作社带莲农共同发展产业、共同致富的新路子。中力合作社产业助农的实践证明，依托农民专业合作社，结合村集体经济发展，涵盖社会化服务、劳务用工、要素收入、统购统销、政策扶持的综合增收模式具有可复制性、可推广性。

石城县位于江西省东南部、赣州市东北部，属典型的东南丘陵低山地区，是革命老区县、国家乡村振兴局对口支援县。石城县种植白莲历史悠久，至今已有 1300 多年历史，是全国著名的白莲生产基地县，享有“中国白莲之乡”

的美誉。全县白莲种植面积稳定在 10 万亩左右，约占江西省白莲种植面积的 1/3，覆盖 11 个乡镇 30% 以上的耕地、95% 的农户，年产鲜莲 3 万余吨、通心白莲约 7650 吨，产值超 6 亿元。白莲产业是全县脱贫攻坚和乡村振兴的支柱产业。

但随着产业的发展，石城白莲品种退化、病虫害加重以及白莲产业“大产业”与“小农户”的矛盾加剧，产业主体发展不平衡、上游品控生产标准化程度低、供应链标准化程度低、传统销售模式价值增长慢等问题日益突出。2019 年 3 月，中国扶贫基金会联合上海新力公益基金会。在石城开展白莲产业助农项目试点。以组建合作社、选拔本土管理团队、引入“合作社”管理机制为联农带农形式，支持石城白莲产业体系性提升，带动农户脱贫增收，取得了阶段性成效。截至 2022 年 4 月，合作社销售额从 13 万元增长到 200 万元，社员数从 72 户增加到 138 户，业务惠及农户从 300 户增加到 1183 户，产业规模从 350 亩增加到 7000 亩。2021 年户均分红突破 766 元，户均增收突破 7307 元。

一 多元协作，构建白莲产业助农实施体系

一是政府引导，转化优势。县政府组建石城白莲产业发展小组，指定县农业农村、乡村振兴、商务等部门和相关乡镇，在合作社前期建设中给予政策、人才、场地等方面支持，将政策优势转化为自身发展优势。

二是社企合作，资源共享。合作社与石城县雄达白莲有限公司公司、石城县赣江源农业发展有限公司等建立合作关系，按照产品生产、加工销售和供应链分工协作，实现利益和资源共享。

三是村社互助，协同发展。按照“以点带面，稳步推进”的原则，整合大由乡水南村和兰田村 2 个村资源，开展生产资料服务、白莲种植加工等业务。

二 服务提升，助力发展成果共享

一是打造示范基地，强化产业带动。合作社围绕石城白莲产业，按照农业投入品统一、技术标准统一、管护管理统一、白莲加工统一、白莲销售统一“五个统一”模式，建设白莲示范基地700亩。整合石城县农业农村局、江西农业大学等的技术资源，探索形成一套“良种+良法”生产技术标准，提高单产，增加效益。

二是构建生产体系，提升品质生产。合作社组建生产技术服务队，搭建“行业专家+技术特派员+生产理事+小组长+农户”五级生产体系；制定《绿色白莲生产技术规程》，通过生产技术培训、冬季旋耕、藕种采收、肥水管理等关键环节干预，确保合作社社员基地白莲产量高于一般农户30%以上。

三是拓宽市场渠道，提升品牌溢价。合作社整合社会资源，分别同中国扶贫基金会、中国平安保险集团等合作，入驻消费帮扶“832平台”，拓宽电商销售新渠道，开展白莲上市发布会和展销活动，扩大石城白莲品牌影响力。

三 完善利益联结机制，促进农民增收

一是构建“双股互动、双类结合”股权结构，实现公平高效兼顾。“双股互动”为“基本股”和“发展股”互动。基本股指的是“资格股”，即100元/股入社费。发展股以激励和效率为原则，由8位合作社发起人发起。合作社发展初期，实行“双类结合”社员管理模式，即“示范社员+普通社员”。示范社员为出资入股的社员，并严格按照合作社的生产销售要求开展工作，在产品同等条件下优先供给合作社，享受

产品交易返还及二次返利的权利；普通社员与合作社有业务往来关系，参与产品交易分红。

二是施行“交易返还、二次分红”分配机制，实现多元主体共赢。合作社建立“2+2”分配机制。第一个“2”，即 2 种分配原则：“产品交易返还 + 股金分红”原则，“60%+40%”原则（可分配盈余 60% 用作交易返还，40% 用作二次返利）。第二个“2”，即 2 类交易返还：农业投入品采购 + 白莲草莲收购返利。在农业投入品返还上，合作社统一采购农资，按照采购价的 15% 进行示范社员农资业务返利；在白莲草莲收购上，收购顺序为示范社员、普通社员、非社员，按照每斤溢价 0.2 元对示范社员和普通社员进行现场返利；在股金分红上，可分配盈余的 40% 用于基本股和发展股分红，基本股为 100 元每股入社费，发展股为特定业务筹资股金，各占 50%。

开展工作 3 年，合作社总结出“生产是基础，销售是核心”“产品变商品，商品变钞票”“从服务中获取利润”等经验，加之科学合理的分配机制，互利共赢的团队合作，实现了利益共享、风险共担，取得良好成效。首先，主体能动性提升。中力合作社经过前期动员、白莲换种、农资统购、产品加工、社区活动等一系列业务及活动的开展，最终沉淀 138 户普通社员、72 户示范社员。2022 年累计开展生产技术培训 5 次，参与人数 600 余人次，社员签到率 85%。社员从观望到参与，从不闻不问到积极主动关心合作社发展，在体会合作社带来实惠的同时提升思想认识，抱团发展。其次，管理团队行动转变。合作社成立初期，制度上墙成为摆设，管理团队做事主动性缺乏。经过“新农人培训”“四川考察交流学习”等培训活动，培训出核心管理团队，做到会议决策制度落实到位，会议有记录、会中有碰撞、会后有执行，运行成效显著。再次，“良种 + 良法”助推白莲种植实现降本增效。通过“良种 + 良法”核心技术推广，至 2022 年，合作社建成高标准白莲种植基地 1200 亩，辐射带动 7000 亩。引进新品种，推动干莲平均单产从每亩约 70 斤增至 120 斤。莲种、农资销售等业务覆盖 3 个乡镇 10

余个村，示范社员投入生产成本降低 261.5 元 / 亩。最后，效率公平兼顾的利益分配机制促进合作社收益逐年增。合作社年度可分配盈余的 60% 根据社员白莲交易量实行交易返还，40% 按股分红，年度召开分红大会，对年度合作社优秀种植能手、经营致富能手等进行物质和荣誉奖励，提升社员信心。2019 年户均分红 400 元；2020 年合作社实现销售额 156 万元，盈利 12.7 万元，分红 10.2 万元，户均分红 766 余元；2021 年实现销售收入 101 万元，户均分红增收 1126 元；2022 年销售收入约 200 万元。

点评

江西省石城县以合作社运营为基础，充分发挥村级集体经济带动作用，立足自身“中国白莲之乡”的区位优势，创新运营机制，以组建合作社、选拔本土管理团队、引入“合作社”管理机制为联农带农形式，支持石城白莲产业体系性提升，带动农户脱贫增收。采用政府、合作社、企业多元协作，示范基地、生产体系、市场渠道多方保障，股金分红多种激励等方式，发挥合作社产业主体示范作用，协同推进白莲产业健康长效发展。这一做法对于在产业帮扶过程中，如何调动帮扶对象的积极性，形成发展特色产业合力具有一定借鉴意义。

第5章

有效探索乡村建设新路径

理论解读

乡村建设是实施乡村振兴战略的重要任务，是“宜居”乡村建设的重要内容，是“和美”乡村建设的基础，也是实现农业农村现代化的重要内容。习近平总书记指出，“十四五”时期，要接续推进农村人居环境整治提升行动，重点抓好改厕和污水、垃圾处理，健全生活垃圾处理长效机制。乡村建设要遵循城乡发展规律，做到先规划后建设。乡村建设是为农民而建，必须真正把好事办好、把实事办实。[①] 习近平总书记强调，要继续把农村厕所革命作为乡村振兴的一项重要工作，发挥农民主体作用，注重因地制宜、科学引导，坚持数量服从质量、进度服从实效，求好不求快，坚决反对劳民伤财、搞形式摆样子，扎扎实实向前推进。[②] 从实践看，目前各地推进乡村建设还存在不少问题，体现在：一是不少地方的乡村建设碎片化、同质化严重，尤其是村庄规划的科学性、实用性、前瞻性不强，缺乏整体规划与设计。二是农民群众参与意识不强、参与程度不高、参与效果不好。三是乡村建设项目重建设轻管理，后期管护工作落实不到位，长效管理机制不完善。四是数字化、信息化、智慧化水平不高等。

本章选取了 7 个乡村建设的典型案例，呈现了各地开展乡村建设路径的探索实践，这些案例分别是：《安徽涡阳：改好农村小厕所提升人居大环境》《贵州贵安：精准实施“五治”持续改善农村人居环境》《重庆璧山：共建共治筑牢农村饮水“安全网”》《江苏常熟：打造新时代“人居环境”

① 习近平：《论“三农”工作》，中央文献出版社，2022，第 15 页。
②《坚持数量服从质量　进度服众实效　真正把这件好事办好实事办实》，《人民日报》2021 年 7 月 24 日。

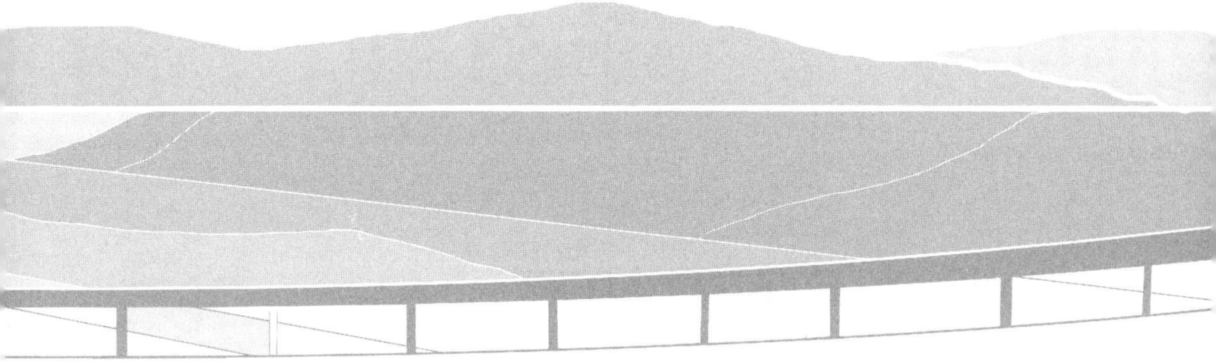

升级版》《上海罗泾：打造乡村全面振兴“五村联动”示范片》《山西西易：“六化两融”提质和美乡村建设》《福建长汀：以“515”模式打造“靓丽美”新乡村》。这 7 个案例呈现的做法和经验主要包括：一是积极落实乡村建设行动要求，明确乡村建设重点任务与重大项目，着力推动农村基础设施建设、农村人居环境整治、农村基本公共服务能力提升。二是推进数字乡村建设，不断加强乡村数字基础设施建设和乡村数据资源开发与管理，以数字化赋能乡村产业发展、乡村建设和乡村治理，推动乡村现代化、智能化、数字化和信息化。三是坚持党建引领下的多元共建，以党建引领为依托探索建立多元共建、主次有序、上下联动的开放式乡村建设行动体系，形成政府主导、党建引领、农民主体、社会协同等多元主体共建格局。

上述典型案例提供的启示主要是：首先，推进乡村建设行动，实现乡村全面振兴，关键在党。坚持党管农村工作贯穿乡村建设全过程，从价值引领、组织引领、人才引领等多个方面充分发挥党建引领在乡村建设实践中的作用。其次，乡村建设的主体是农民，应坚持乡村建设为农民而建，只有充分发挥农民主体作用、尊重农民的发展意愿、发挥农民的首创精神、维护农民的根本利益、有效组织农民参与，才能更好地激发乡村建设的内生动力。

学习借鉴这些案例的做法和经验时，必须清醒认识到本地乡村建设实践的突出短板与瓶颈问题，对照乡村建设相关政策要求补齐短板；要坚持在保留具有本土特色乡村风貌的基础上，选择性地吸收借鉴典型案例的经验做法，进而走出一条符合本地实际、独具特色的和美乡村建设之路。

安徽涡阳：改好农村小厕所提升人居大环境

导读

“小厕所，大民生”，推进厕所革命不仅直接关系乡村振兴的成色和质量，更关系到群众的生活质量和幸福感，必须充分发挥群众主体作用，确保改一个成一个、做一件成一件。近年来，安徽省亳州市涡阳县把农村改厕作为生态文明和实施乡村振兴战略的重要抓手，坚持“政府引导、群众主体、因地制宜、示范推广”的原则，一体推进农村人居环境整治，推动乡村振兴战略落地落细，特别是结合涡阳实际，科学编制改厕方案，严把改厕质量，扎实推进农村改厕工作，在实践中探索出一条“群众可接受、财力可承受、模式可复制、长期可持续”的改厕模式。该改厕模式在全省广泛推广，并被国家评选为 51 项典型经验做法之一。

近年来，安徽省亳州市涡阳县把农村改厕作为生态文明和实施乡村振兴战略的重要抓手，一体推进农村人居环境整治，推动乡村振兴战略落地落细，在实践中探索出一条“群众可接受、财力可承受、模式可复制、长期可持续”的改厕模式。

突出“着力点”，确保农村改厕高质量推进

一是突出政府引导，强化督导调度。成立由县委主要负责同志挂帅的城乡“厕所革命”委员会，全县 23 个镇（街道）党委主要负责同志为改厕工作第一责任人，引导群众积极参与农村改厕工作。成立城乡“厕所革命”监督委员会，由县人大、政协负责同志带队，进村入户开展督导，确保改厕工作质量，提高改厕工作效率。

二是坚持试点示范，科学选择模式。按照“先试点、后推广、再提升”的思路，从双瓮式、三瓮式、三格式等改厕模式，发展到“一体化装配三格式化粪池”改厕模式，再到“垫层筑实、压茬砌砖、满缝灌浆、精细收光、防渗测试”的砖砌防渗三格式化粪池改厕模式，总结出厕屋施工“一平、二靠、三旧、四高、五有”5 个口诀和砖砌式化粪池“一底、二垫、三墙、四盖、五管、六孔、七深、八口、九扩、十满”10 项施工说明。对标《农村三格式户厕建设技术规范》《农村集中下水道收集户厕建设技术规范》，进一步完善改厕体系。2019 年以来改厕进院入室率达 100%，其中卫浴一体化率达 30% 以上。

三是抓住关键环节，严守质量安全。科学制订计划，将改厕与脱贫攻坚、环境保护相结合，优先对贫困村、贫困户以及水源保护区实施卫生厕所改造。绘制简明图纸，组织专业技术人员和基层干部编制改厕技术导则，形成让老百姓看得懂的明白纸和施工图。组建专业队伍，成立县级技术指导、考核验收队伍，组织现场观摩会、村级改厕技术人员培训会，形成相对稳定的村级改厕技术力量。严把建设质量，建立县、镇、村三级监管制度，施工过程中技术人员、镇村干部、农户三方监督，由专业技术人员现场验收。

二 算好“三本账”，充分调动群众参与改厕积极性

一是算好经济账，让群众放心。涡阳县政府坚持“只引导不包揽，群众的事群众当家”。如召开村级大会，现场给老百姓仔细算账，特别是对整个化粪池的价格构成进行明码标价，并要求“施工队不出村”，改厕户可自行选择施工队伍、与施工队直接结算费用，本村泥瓦工和群众共同出工，不仅降低了人工成本，也方便了后期管护。在此过程中，家中有旧砖、旧瓦、旧木头等废旧材料都能利用上，既减轻了群众负担，也解决了人居环境过程中产生的旧砖、旧瓦等废旧材料乱堆乱放问题。

二是算好健康账，让群众安心。“小康不小康，关键看老乡；老乡要小康，厕所算一桩。”随着人民生活水平的不断提高，人民群众对健康有了更高需求。过去，很多村民家中厕所简陋，污水直排化粪池，不仅容易对环境造成污染，更容易滋生细菌，大大影响了村民的身体健康。因此，涡阳县耐心细致地做好群众思想工作，积极倡导健康文明的生活方式，不断改善农村环境卫生面貌，降低蚊蝇密度，有效预防和减少疾病的发生。

三是算好生态账，让群众舒心。美丽乡村既要有“外在美”，更要有“内在美”。伴随着乡村振兴深入推进，农村人居环境整治成效明显，村容村貌水平有效提升，但厕所“脏乱差”仍然是个别农村的老大难问题，既污染了农村卫生环境，又制约了乡村旅游的提档升级，甚至阻碍了乡村产业的提质增效。改厕后，农户购买自吸泵、荷叶桶，将腐化后的粪液用来浇花浇菜，进行无害化利用，从源头上阻断了对大气、土壤、水资源的污染，使村容村貌焕然一新，群众幸福指数得到明显提升。

三 力促“规范化”，持续巩固提升厕所革命成果

一是强化后续管理，确保常治长效。为保障农村厕所“建好、用好、管好”，涡阳县各镇各村建立了改厕服务站，突出“建设、清掏、维修”三大功能，并逐户张贴便民卡，入户指导村民开展自我管护，同时通过群众互助型、第三方服务型等方式强化后续管护，政府每年每户拨付 20 元，用于统筹解决管护费用，普通户每次不高于 20 元，脱贫户、低保户、监测户等每次不高于 10 元，确保“厕所坏了有人修，满了有人掏，掏了有去处”。

二是坚持问题导向，开展排查整改。按照“户自查、村排查、镇复查、县督查”模式，对 2013 年以来实施的 10.02 万户改厕进行全覆盖“回头看”，共排查发现工程质量、运维管护等问题 1380 个。对排查出的个性问题，找准症结，实行一户一策，全部整改到位。对存在的共性问题，认真研究，建立健全长效机制。针对农村微型公厕管理难问题，建立“双所长制”，村干部是第一所长，村保洁员是第二所长，压实管理责任，确保微型公厕无气味、无斑迹。将农村改厕与村庄规划建设和“小果园、小花园、小菜园”建设有机结合，既解决了砖砌防渗化粪池长期使用不浪费问题，又提高了粪污资源化利用率，形成生态良性循环。

三是做好清单台账，做到账实相符。涡阳县改厕基数较大，摸清底数，特别是群众自建的卫生厕所户数、非卫生厕所户数、传统旱厕户数和无厕所户数等类别尤为重要。为此，涡阳县充分发挥镇、村两级力量，摸清各类厕所存量，给“十四五”期间如何改厕厘清了目标。为扎实做好已改造户基础资料整合工作，形成改厕名单、排查台账、四项清单、销号清单、补贴清册等规范化标准台账，做到账实相符，提升了规范化管理水平。

点评

涡阳县始终坚持以人民为中心的发展思想，把农村厕所革命作为乡村振兴的一项重要工作，充分发挥群众主体作用，扎扎实实向前推进，并以厕所改造为契机，不断改善农村卫生条件，提高了群众生活质量，改出农村新气象，改出群众新面貌，真正把厕所革命打造成一项得民心、顺民意、惠民生的幸福工程。涡阳县在实践中探索出一条“群众可接受、财力可承受、模式可复制、长期可持续”的改厕模式，措施具体、科学，成效显著，该改厕模式被国家评选为 51 项典型经验做法之一，典型性和示范性较强。

贵州贵安：精准实施“五治”持续改善农村人居环境

导读

改善农村人居环境，是以习近平同志为核心的党中央从战略和全局高度作出的重大决策部署，是实施乡村振兴战略的重点任务，事关广大农民根本福祉，事关农民群众健康。贵州省贵阳市贵安新区高度重视民生工作，在深入调查研究的基础上，聚焦农村人居环境短板弱项，顺应广大农民群众过上美好生活的期待，作出开展农村治房、治水、治垃圾、治厕、治风“五治”行动的部署，全面改善提升农村人居环境，建设宜居宜业和美乡村。

贵州省贵阳市贵安新区聚焦改善农村人居环境，全面开展农村治房、治水、治垃圾、治厕、治风“五治”行动，全面推进宜居乡村建设。

一 精准“治房”

紧盯存量房、新建房、闲置房、危房“四类房”，做好“清、建、管、用”四篇文章，打造风貌协调、环境舒适、现代宜居的农村住房。

一是“清”。全面摸清贵阳市贵安新区宅基地（农房）数量，建立工作台账，探索解决无证房、一户多宅等历史遗留问题的有效办法。

二是“建”。启动659个村庄规划编制，合理布局农房建设区，引导村民集中建设居住。将农村宅基地“一书一证”审批权限下放乡镇政府，建立农村宅基地审批“一站式”服务窗口68个，提高宅基地建房审批效率。根据《贵阳市关于进一步加强农村宅基地建房管理的实施意见》，严格管控农村宅基地建房。编制《贵阳贵安农村村民住宅通用图集》，统一建设标准和村域风貌，明确农房建设技术导则。

三是“管”。根据《贵阳市2022年农房风貌整治实施方案》，对10000户农村住房进行改造，让村民住上环境优美、功能完善的宜居型农房。开展贵安新区（危改保障范围外）农村危房集中排查整治，实现农村危房动态清零。

四是“用”。根据《贵阳市农村闲置宅基地和闲置住宅盘活利用示范创建工作方案》，选取10个示范点试点推进，鼓励通过交易平台流转、包装开发利用、土地整理入市等多种方式，盘活利用农村闲置宅基地和闲置住宅，增加农民财产性收入。

二　精准“治水”

坚持饮用水、生活污水、黑臭水体“三水同治”，将水管起来、净起来、活起来。

一是保障饮用水。印发《贵阳贵安2022年度巩固提升农村供水保障工作方案》，按照“建大、并中、减小”的思路，优化农村供水工程布局，启动建设15个供水保障工程。截至2022年7月，贵安新区共有农村供水工程2842处，涉及农村供水人口198.1万，100人以上农村集中供水率达97.5%。

二是治理生活污水。积极探索农村生活污水资源化利用模式，启动开展154个行政村农村生活污水治理。共建成农村生活污水处理设施2801套，设计日处理量约2.3万吨，设施正常运行率达90%以上。

三是消除黑臭水体。通过对村民房前屋后的水塘、沟渠等开展拉网式排查，排查出农村黑臭水体56条，采取控源截污、内源治理、生态修复等措施，编制整治方案和推进计划，坚决消除农村黑臭水体。

三 精准“治垃圾”

紧紧围绕“农村外运减量至50%”的工作目标，以“干湿分类”为重点，紧盯“五个环节”（第一次分类、垃圾投放、第二次分类和收运、第三次分类和初次处理、终端处理），采取“五点减量法”（可腐垃圾“沤”一点、煤渣灰土“埋”一点、可回收物“卖”一点、有害垃圾“收”一点、其他垃圾“运”一点）推进农村垃圾治理工作。

第一环节，发动群众在家中做好“干湿分类”，印发农村“治垃圾”宣传资料109万余册，开展入户宣传36.5万余次、主题宣传活动900余次、“坝坝会”宣传5300余次，引导群众自觉参与农村垃圾治理。

第二环节，结合村寨人口数量、密度等实际情况，因地制宜设置干垃圾投放点，方便群众做好垃圾投放。

第三环节，设置村集中分类和收运点，由村保洁员（分拣员）在村集中收集点进行第二次分类和收运。

第四环节，在乡镇转运站配建分类收集间，通过完善垃圾分类收集处理体系，对进入乡镇垃圾转运站的其他垃圾，由乡镇转运站分拣人员进行第三次分类和初次处理。

第五环节，厨余垃圾通过喂养家禽、牲畜或进入沤肥池就地利用，餐厨垃圾由小型分散式处理设施处置或由市场化服务公司“点对点”就近就地收运处置，煤灰就地无害化还土，建筑垃圾可用于铺路等再利用，全面提升农村垃圾就地处理能力。其他垃圾由焚烧发电厂处置，可回收物由再生资源利用企业处置；有害垃圾进入市级有害垃圾贮存中心后，由有资质的企业安全处置。2022年，全市67个乡镇、881个行政村、6889个30户以上自然村寨生活垃圾收运体系实现全覆盖，并通过“贵州数字乡村—村镇生活垃圾收运”平台实施数字化监管，农村生活垃圾收运体系行政村正常运行率保持在99%以上。

四 精准“治厕”

围绕消灭旱厕户、无厕户、问题厕所的目标，坚持系统治理，实现治厕与治水、室内厕所与室外厕所、公厕与私厕“三类”同治。

一是高质量建。制定贵阳贵安农村“治厕”实施流程和技术指南，加强对农村改厕工匠的培训，组建市、县、乡、村四级技术服务队伍，严格三格化粪池质量把控，落实包保干部、技术指导员、过程监管员“三员”到户。

二是精准化治。在治厕与治水同治上，针对居住分散农户，立足于粪污资源化利用，实行小三格（或+1格小型生态池）改厕模式；针对相对集中村寨农户，实行联户大三格改厕模式；针对30户以上居住集中村寨，将黑水、灰水纳入污水处理厂或一体化设施集中治理。在室内厕与室外厕所同治上，引导农户建新拆旧，新建厕所“进院入室”。在公厕和私厕同治上，强化公厕“三有”（有经费、有制度、有保洁），将公厕管护纳入村级考核，同步将公厕和私厕纳入厕所革命数据化展示平台，实行常态化管理，确保公厕建一个，用好、管好一个。

三是全过程管。拟定《农村改厕规程十八条》，用“六个不”“六个查”“六个验”抓住改厕前、中、后重点环节、关键环节，精准提升改厕质量。探索“数字+治厕”管理模式，开发移动端App“筑厕”，通过“一厕一码”统筹管、“一码一档”闭环管、“一数一核”智能管、“一户一报”精准管，推动数字化赋能“治厕”，破解农村厕改全过程监管难题。“贵阳贵安‘大数据’助力‘治厕’全过程监管”的经验做法，在新华网、“全国农村人居环境”微信公众号等平台刊发。

五 精准“治风”

紧盯婚事新办、丧事简办、其他不办“三个要求”，聚焦目标、瞄准问题，持续推动“治风”工作深入开展。2022 年，贵阳贵安 24.1 万名党员干部 100% 签订承诺书，实现村规民约（居民公约）、红白理事会村级全覆盖；红事办理 7403 起，均 1 天办结，单方办理桌数均在 15 桌内；治丧时间 3 天以内的有 11448 起，占比达 96%；劝阻办理其他酒席 1829 起，滥办酒席现象得到有效遏制。

一是建机制。以推行信息线索互通、监督举报问责、督查考核、创新示范、部门联动 5 项机制为主要抓手，推进“治风”工作在贵安有序开展。

二是作示范。针对办事扰民、铺张浪费等问题，按照“三统一一确保”标准（统一场地、统一程序、统一服务、确保安全），制定下发《贵阳贵安创建 30 个“治风”示范村工作方案》，有序推进 30 个移风易俗示范村建设工作。

三是强引导。依托各级媒体矩阵，形成强大宣传通联工作合力，不间断向村民宣传“1 · 3 · 15 · 50”［婚事 1 天办结、丧事 3 天办结、婚事（单方）丧事办理桌数不超过 15 桌、礼金不超过 50 元］标准，第一时间掌握红白喜事、收受彩礼等情况，及时到酒席现场进行监督，将酒席聚会变为“治风”宣传会，持续强化“治风”成效。

点评

贵州省贵阳市贵安新区以农村治房、治水、治垃圾、治厕和治风为抓手，精准发力补短板；坚持问需于民、问计于民、问效于民。通过充分发动农民“强主体”，分类推进“建机制”，突出实效“提功能”，农村“五治”工作取得了阶段性成效，村容村貌整体提升，农民生活环境明显改善，乡风文明显著加强。贵阳市贵安新区农村“五治”工作先后得到农业农村部、国家乡村振兴局及贵州省有关部门的高度关注，《农民日报》、《贵州日报》、人民网、新华网及贵州广播电视台等新闻媒体对此多次报道。贵阳市贵安新区的农村“五治”工作典型性和示范性较强，实践成果较突出，对其他乡村地区持续改善农村人居环境有借鉴意义。

重庆璧山：共建共治筑牢农村饮水“安全网”

导读

重庆市璧山区坚持问题导向，创新管理机制和运营模式，在重庆市率先实现城乡供水同网、同价、同质、同服务、同监管。一是针对多主体营运、多部门管理导致标准和监管不统一的问题，改革体制机制；二是扎实做好管网建设、维护，加大科技投入，提升供水保障能力，有效解决农村供水管网漏损率高、一处维修全村断水等问题；三是创新运营模式，争取企业、财政多方支持，降低农村水价，切实减轻农民群众用水负担；四是强化正向激励和群众自治，充分调动各方参与治理的积极性，解决管理主体缺位、责任不明等问题。璧山区通过一系列的改革创新，探索形成了有效解决农村供水难、水质差等问题的模式。

重庆市璧山区自 2020 年开展城乡供水一体化改革以来，坚持问题导向，创新管理机制和运营模式，在全市率先实现城乡供水同网、同价、同质、同服务、同监管，彻底解决了农村供水难、水质差等问题。2022 年 7 月以来，在遭遇极端高温干旱，群众用水量剧增时，有效保障了群众用水安全，广大群众的“用水幸福指数”显著提升。重庆市璧山区先后获得“国家生态文明建设示范区”“全国水生态文明建设试点城市”“全国第二批节水型社会建设达标县（区）”等称号。

一 坚持破立并举，打通体制机制堵点

一是改革供水体制机制。坚持从破解多部门管理体制入手进行改革，明确由区水利局统一负责城市和农村供水监管，将原区属国有12家镇街水厂并购给重庆市水利投资（集团）有限公司，组建村镇供水公司，督促村镇供水公司出资将余下的1家私营供水企业进行收购，统一改造供水设施，统一进行运营管理，统一水价水费标准，实现全区供水管理“一张皮”。

二是理顺水费收缴机制。建立农村水费缴纳兜底机制，由镇街、村社、村镇供水公司分别承担历史欠费的1/3。镇街未按时缴纳的，年终由区财政局直接上解镇街财政资金补足差额；村社未按时缴纳的，由镇街在其服务群众专项考核经费中扣取，切实杜绝欠缴水费情况。

三是健全水质监管机制。将全区饮用水源水库纳入大数据智能化监控系统和“智慧河长”系统监管，建立全区506个饮用水源地污染源台账，每月开展饮用水源地水质监测，定期对12家万人水厂、8个独立水站和分散供水工程开展水质监测。确保饮用水源地水质达标率100%，城乡供水水质达标率90%以上。

二 坚持建管并重，突出供水保障重点

一是严格供水管网工程质量监管。由村镇供水公司统一实施供水管网改造，强化农村供水管网工程建设质量监督，通过视频监控管沟开挖现场、深挖管沟与混凝土包封结合保护供水管道等手段，确保工程质量有保障。

二是利用科技手段提高防控能力。建立城市供水管网 GIS（地理信息系统）管理系统，采用现代化仪器实现对城市地下管网的全面探测，减少地下管网暗漏的情况，提高供水效率，确保城市供水效率稳定控制在 90% 以上。自主研发“农村饮水安全智慧系统”，将全区 7400 公里农村供水管网录制成电子地图，实现了供水管网一张图、数字化、可视化，供水管理一体化、动态化、效能化，农村管网漏损率有效控制在 20% 以内。

三是切实抓好供水设施确权。对农村饮水工程开展确权登记颁证，明确所有权、使用权、管理权，将农村供水管网及设施明确为村集体资产，增强村集体和村民管水用水主体责任意识。如大兴镇符家村组织全村 43 名党员联系 602 户用水户，通过党员引领用水户参与，形成管水合力。

三 坚持多方发力，化解水价偏高痛点

一是压紧供水企业责任。引导村镇供水公司主动出让 20% 漏损量，按实际售水量的 80% 收取水费。村镇供水公司负责全区农村饮水维护工作，并对 8 个村级独立水站制水工作进行技术指导。

二是统一核定农村水价。实行“基本水价 + 计量水价”两部制水价。基本水价每户每季度 2 元，用于农村供水设施维护；计量水价为阶梯式水价，每人每月用水 2 吨内按 3.22 元 / 吨标准收取，超量时按核定水价 4.26 元 / 吨执行，2 吨以内的水价差额由财政补贴。

三是多方支持饮水管护。每年预算 800 万元专项补贴水价，水利部门每年为农村供水管网购买财产保险和防污染救助险，镇街财政每年预算不低于每村 1 万元的补充维修养护基金，村镇供水公司年投入近 1 亿元，持续改善水厂设备工艺及输水管道设施。

四 坚持全民共治，解决长效治水难点

一是用好考核指挥棒。将农村饮水工作纳入镇街党政主要负责人述职范畴和镇街工作考核内容，直接与镇街奖补资金申报挂钩，并影响镇街申报其他水利项目资金。制定水管员专项考核办法，考核结果与其劳务补贴金额挂钩。

二是用准奖励助推器。建立维修养护资金以奖代补机制，资金分配使用与运行管护绩效挂钩。建立水费计收奖励机制，水费收缴率100% 则可留存结余水费的 30% 作为奖励基金，用于水管员劳务补贴和用水户奖励。

三是发挥协会凝聚力。璧山区成立 150 多个用水户协会，实现农村供水区域全覆盖。用水户协会由村社负责人担任理事长，每个用水户协会落实专职水管员 1 名、片区水管员多名。党员代表、人大代表、群众代表各方踊跃参与治水，基层管水能力明显提升。

五 坚持城乡统筹，有序应对旱灾考验

一是提前布局城乡供水管网连通工程。着力打造城乡供水一张网，围绕城市水厂和骨干水厂稳步推进分年实施近 200 公里城乡供水互联互通供水主管道工程，撑起璧山的城乡供水体系，实现全区供水管网互联互通，合理调度区域水厂生产，打破“一地一水”供水模式，全区水资源高效配置，保障城乡供水安全。

二是因地制宜解决农村供水薄弱环节。通过连续 2 年全面实施维修养护工程，对所有供水管道，3 万余个水表、闸阀进行全方位摸排改造，将农村供水管网“毛细血管”全部升级换代，因地制宜安装 150

余台农村供水二次加压泵站。建成城乡供水一张网，供水脉络全面清晰，供水堵点基本打通，供水保障系统运转正常，面对旱情考验亦能有条不紊地持续运转。

三是高标准擘画供水蓝图。统筹协调区外调水，优化水资源配置。通过推进铜罐驿长江提水工程、西彭水厂至璧山连通线临时加压泵站工程，将长江水引入璧山，可向镇村转供富余水量 2 万立方米 / 天。加快推进渝西水资源配置工程，该工程计划于 2025 年全面建成，届时将从嘉陵江提水 40 万立方米 / 天，在璧北、璧南建设 2 座 10 万立方米 / 天的高标准水厂，将城市水厂升级为 30 万立方米 / 天。

点评

重庆市璧山区改革体制机制，解决供水难题；做好管网建设、维护，加大科技投入，提升供水保障能力；创新运营模式，争取企业、财政多方支持；强化正向激励和群众自治，充分调动各方参与治理的积极性；坚持城乡统筹，有序应对旱灾考点。重庆市璧山区坚持问题导向，创新管理机制和运营模式，在全市率先实现城乡供水同网、同价、同质、同服务、同监管，彻底解决了农村供水难、水质差等问题。该案例聚焦主题，措施具体，典型性和示范性较强，对其他乡村地区保障农村饮水安全有借鉴意义。

江苏常熟：打造新时代“人居环境”升级版

导读

“千村美居”工程是江苏省常熟市在乡村振兴的浪潮下，以基层党建为载体，深入发动群众共建美丽家园的一项创新实践，统筹实施农村基础设施更新、农房改造改善、河道整治、污水治理、村庄绿化、风貌塑造等工作，以工程化、项目化方式实现农村人居环境全域高质量提升，并以此作为乡村建设行动的重要抓手，使农村成为城市综合形象的最亮底色，让农村成为提升城市能级的生态后花园。村庄面貌焕然一新，邻里矛盾及时化解，干群关系更加融洽，留住了美丽乡愁，实现了自然风貌和精神风貌的双提升。

江苏省常熟市拥有苏州市最大的自然村庄体量，集虞山、尚湖等众多优势资源于一体。常熟市推动高质量发展，最艰巨、最繁重的任务在农村，最大潜力和后劲也在农村。近年来，常熟市结合国家、浙江省、苏州市农村人居环境整治三年、五年行动计划，大力推进生态宜居美丽乡村建设——“千村美居”工程。“千村美居”工程从无到有，扮靓“面子”美化“里子”，带来村民“看得见”的幸福，推动“群众期待”变成“四方点赞”；由点及面，带来“高颜值”催生“高品质”，推动“美丽资源”变成“美丽经济”；自上而下，凸显“党建强”引领“治理优”，探索出乡村治理现代化路径，推动“一时美”变成“持久美”。

一 坚持以推进“布局优化”为前提，打开农村人居环境整治提升“新格局”

一是深化拆违清障。通过“千村美居”工程，村内违章建筑得以拆除，拆除违章建筑后的裸地按照面积大小、地理位置和地块性质等进行修复和升级改造。大地块用于补充耕地，建设用地指标每年还可换取“挂账结息”补贴；小地块用于建设公共配套设施，变成健身步道、健康游园、议事阵地、美丽菜园和停车位等。实现拆、建“无缝衔接”，力促“疤点”成“亮点”。

二是探索农宅归并。常熟市将自然村农宅定位方案作为“千村美居”工程建设的前提条件，在前期拆除违章建筑、打开了村庄内部空间的基础上，针对零星杂乱及面积小的宅基地开展腾挪归并，既保障了村民住房的合理需求，也让邻里关系更加和睦，进一步提升了土地节约集约利用水平，优化了村庄风貌和土地资源空间布局。

三是开展线路整理。为解决“田中钉、村中桩、路中杆、空中网”的现象，常熟市开展农村强弱电线路整理，规范线缆架设、清理户外架空、归并无序线缆、拆除废弃电杆，因地制宜开展无杆线村、三线入地、两线入地、多线合一等试点工作。原本乱七八糟的线路被“打包”得整整齐齐，曲折狭窄的村间小道变得宽阔干净。相关经验做法入选第三批全国农村公共服务典型案例，并获江苏省委主要负责同志批示肯定。

二 坚持以实施“四个一”工程为抓手，打造农村人居环境整治提升“新样本”

一是推进污水治理。常熟市把农村生活污水治理作为改善区域生态环境的重点和难点，针对农村地区村庄形态各异、空间分布零散、污水管网难以全覆盖的问题，相关部门因地制宜，选用相对集中处理、村组处理和分户处理 3 种处理方式，大力实施农村生活污水治理。2015 年，常熟市首创农村分散式污水治理 PPP（政府和社会资本合作）模式。截至 2020 年，常熟市农村生活污水治理行政村覆盖率达 100%。

二是实施厕所革命。建立农村厕所革命联席会议制度，并设立联席会议办公室，确保各项工作落实到位。对实施“千村美居”工程的村庄同步按照国家标准规范建设农村公厕，改变以往通槽式的传统公厕模式，全部按照独立蹲位式要求统一建设，为所有三类以上公厕配置无障碍厕位以及相关便民设施，并加强日常保洁管理，彻底改变农村公厕建设标准不一、管理“脏乱差”的现象，更好地为群众服务。

三是开展垃圾分类。成立市级垃圾分类处置工作领导小组，市委、市政府主要领导任双组长。市、镇（街道）两级建立垃圾分类专班，强化“专班督查、第三方测评、市纪委监委全程参与”督查考核机制。全市 215 个行政村（涉农社区）全部开展“一户两桶”为主、“定时定点”为辅的分类模式，建立完善“一网七环”生活垃圾分类全过程闭环管理体系。

四是打造“田美乡村”。坚持以高标准农田（池塘）改造作为推动农业高质量发展、实施产业转型升级的重要目标，当前常熟市高标准农田（池塘）已基本实现全覆盖。建设好的农田通过进一步优化区域内部道路、沟渠林网、农业产业与文化特色，使田容田貌与自然村庄相得益彰，打造出“远看是风景，近看是公园，体验是农业，回味是乡愁”的“田美乡村”新风貌。

三　坚持以落实“四全模式”为基础，展现农村人居环境整治提升“新风貌”

一是精心谋划部署。市委、市政府主要领导高度重视农村人居环境整治长效管理工作，定期组织实地调研、召开推进会。深入开展“净美家园”村庄清洁行动，27 位市领导、80 个市级机关部门分别挂钩联系镇村，定期下沉农村一线开展督查暗访并参与环境整治，形成市、镇、村三级上下联动、合力推进的组织保障机制。

二是强化督查考核。成立“千村美居”长效管理工作领导小组办公室，每月开展专项考评，定期邀请“两代表一委员”（1 名人大代表、1 名党代表、1 名政协委员）共同参与开展民主监督，公布自然村“红黑榜”，将考评结果纳入镇村年底高质量考核。充分运用问题“随手拍”小程序，通过寻访等方式开展农村人居环境整治评价，扩大检查覆盖面。

三是落实民主监督。市政协积极发挥民主监督的优势，紧盯村庄组织管理、村容环境、基础设施维护、农户参与等各个重点领域和内容，结合政协“有事好商量”协商议事，通过专题调研、委员提案、远程协商、网络议政等多种形式，了解民情民意，分析问题和不足，提出多项专题社情民意信息，为如何做好“千村美居”长效管理工作建言献策。

四 坚持以实施“四个一”工程为抓手，打造农村人居环境整治提升“新样本”

经过不断探索创新，常熟市构建了以先锋领治为引领、以村民自治增活力、以履约法治强保障、以乡风德治扬正气、以数字智治优管理的“五治融合”长效管理机制。

一是“先锋领治”强化工作推进力度。健全党组织领导的乡村治理体系，运用“先锋领治”“海棠花红”等党建阵地，充分发挥党组织和党员的战斗堡垒和先锋模范作用，建立一线行动支部。推动成立一批网格治理“帮帮团”、一线调解“老娘舅”，在基层治理中真正实现精细化发现问题、精准化解决问题，打通服务群众的“最后一公里”。

二是“村民自治”拓宽群众参与广度。因村制宜建立村民议事会、乡贤参事会等，广泛听取群众意见，共同商定农宅定位、环境优化提升、村庄长效管理等方案。探索推行积分制、村庄管家、美丽庭院、美丽菜园等创新管护模式，激发农民群众的积极性，提高群众参与度。

三是“履约法治”保障规范管理深度。加强农村普法教育和宣传力度，落实“一村一法律顾问”等制度，把长效管理和乡村治理工作纳入法治化、规范化轨道。落实“村规民约履约评议制度”，充分发挥村规民约的约束力。因地制宜把法治元素融入美丽乡村建设，通过建设法治小游园、普法宣传栏、法律图书角等，实现基层法治宣传阵地全覆盖。

四是“乡风德治”提高乡风文明温度。以新时代文明实践所、站为载体，以乡情乡愁为纽带，吸引个人、企业、社会组织等，通过捐资捐物、结对帮扶、典型示范等形式，支持改善农村人居环境。常态化开展“星级文明户”“最美家庭”等创评，在争先创优和比学赶超中，加快改变农民生活习惯。

五是“数字智治”优化智慧赋能速度。按照“网格化巡查、数字化赋能、精细化管理”的要求，深化“大数据 + 网格化 + 铁脚板”在农村人居环境长效管理中的应用，探索建立乡村治理一体化管理平台，加快“数字乡镇”“智慧农村”探索应用，建立镇（村）一网统管平台，推动实现农村人居环境问题处理及时化、管理地图化、分析智能化、决策精准化、监管精细化。

点评

江苏省常熟市“千村美居”工程坚持规划先行、因地制宜的实施方略，科学民主制订各项规划，结合实际，因村施策，分类实施。强化督查考核、联动联促的保障措施，落实“市抓考核、镇抓统筹、村抓落实、上下贯通、条抓块统”的治理模式。突出问需于民、共同富裕的目标导向，着眼“想群众之所想、急群众之所急、解群众之所困”的出发点，充分发挥村民主体作用。从农民群众最迫切的需求出发，从治理村庄公共空间着手，拆除违章建筑，探索农宅归并，完善公共基础设施，进一步提升乡风文明水平，提高乡村治理能力，推动乡村全面振兴。“千村美居”工程实施以来，探索建立了建设、验收、长效管理等一整套体制机制，使所有创建数据“落地上图”，打造了一批有特色、有文化、有品位的村庄，形成了可复制、可操作的成功经验，为打造美丽江苏提供了现实样本，为各地建设宜居宜业和美乡村提供了参考。

上海罗泾：打造乡村全面振兴“五村联动”示范片

导读

上海市宝山区罗泾镇锐意创新，本着乡村是“超大城市的稀缺资源，城市核心功能的重要承载地，城市核心竞争力的战略空间”的功能定位，提出以镇为推进主体，以村为建设主体，实施镇、村联动的乡村振兴模式。依托“党建联建、产业联合、风貌联塑、设施联通、治理联动”，探索建立“五村联动”模式，极大地克服了单一村推动乡村振兴所面临的产业同质、资源分散、特色不足、成本较高等问题，突破了传统的乡村发展和治理的基本单元。以产业集聚凸显组团成果，以集约资源实现“邻里共享”，以联通空间实现跨村协同。

罗泾镇位于上海市宝山区北部，东濒长江，西邻嘉定，北接江苏太仓。塘湾、海星、花红、新陆、洋桥五村位于罗泾镇北部，五村均为上海市美丽乡村示范村，具有良好的生态基底，水清、田秀、林逸、路幽、舍丽，拥有“鱼在河里游，鸟在林中飞”的自然名片。五村生态环境、人文地理具有先天优势，但从分批推进各村乡村振兴示范村建设的实际情况来看，以单一村来推动乡村振兴往往会面临产业同质、资源分散、特色不足、运营维护成本较高等问题。在实践乡村振兴的探索中，罗泾镇着眼全局谋发展，提出“五村联动、全镇互动”概念，通过加强协同、优势互补，推进空间连片、统筹发展，共同建设沪北乡村振兴连片发展示范区，力求实现资源共享、成本共担、渠道共用、效果共赢，解决守着优质生态资源束手无策、单个行政村力有不足的难题，真正实现乡村长效长远发展，把绿水青山转化为金山银山。

一 规划先行，布局谋篇

一是统一谋划，梯次创建。罗泾镇坚持规划先行，立足互联互通，以点带面，优化各村资源配置，推动生态产业融合发展，制定《上海市宝山区罗泾镇郊野单元（村庄）规划（2018—2035年）》《罗泾镇五村联动乡村振兴示范村建设方案》，以及塘湾、海星、花红、新陆、洋桥五村的乡村振兴示范村建设方案。在建设方案中均立足五村区域系统思考，统筹把握五村总体定位、空间结构、产业布局、“一村一品”等发展方向。罗泾镇成立实施乡村振兴战略工作领导小组和镇乡村振兴办公室，明确以镇为推进主体，以村为建设主体，实施镇、村联动，先后分三批创建上海市乡村振兴示范村。

二是“一村一品”，互补发展。罗泾镇挖掘各村特色，打造“一村一品”，统筹错位发展。“乡遇塘湾”做强“一朵花”，以千亩林地为依托、母婴康养为特色、萱草花产业为辅助，打造母婴康养村；“蟹逅海星”做强“一对蟹”，以千亩蟹塘为依托、渔事体验为特色、“运动康养+科普亲子”为辅助，打造长江口生态渔村；“寻米花红”做强“一袋米”，以千亩良田为依托、农耕体验为特色、“休闲农业+科普亲子”为辅助，打造耕织传家村；“蔬香新陆”做强“一篮菜”，以千亩蔬菜为依托、研学拓展为特色、“多元蔬艺产业+森林体验”为辅助，打造研学营地村；“芋见洋桥”做强“一蒸糕”，以省界原乡为依托、农庄休闲为特色、“芋头产业+果香庭院”为辅助，打造芋香田园村。

二　党建联建，组织共强

一是创新党建联建模式。罗泾镇突破行政村界限壁垒，探索构建跨越行政管辖边界的网络型关系，组建联村党委，设驻村第一书记 1 名，选派优秀年轻干部担任驻村第一书记，负责联村党委的全面工作。建立联席会议制度和决策共商机制，定期召开联席会议，进行职能协调、工作合作、资源调配和信息沟通，形成多份联动发展决议，如立足五村联动路线，布置功能完善、综合便利的交通系统，探索区域治理的“六治三理”工作法，等等。

二是加固网格化治理格局。推进网格化党建，依托全镇三级网格化党建工作格局，加快各村“红帆港”党建（党群）服务站点、“一站式”便民服务站等阵地建设，夯实基层党组织战斗堡垒，统筹推进乡村产业、生态、人才、文化、组织振兴。加强基层队伍建设，开展乡村人才“育鹰行动”。

三是党建引领汇聚乡贤。组织五村乡贤、老党员、退休干部、村民代表等共建乡贤理事会，发挥乡贤理事会经验、人脉、资金、项目资源、模范引领等作用，用乡贤的力量凝聚引领文明乡风新风尚，献智献力助力家乡发展。

三　产业联合，组团共进

一是突出大健康产业导向。塘湾村与母婴专护服务公司合作，在整合、归并零星集体建设用地的基础上，用好区里专门划拨的建设用地指标，建成母婴健康管理中心，并流转周边富余民房，形成两大功能板块。其中，“集约式母婴产后康养服务”板块，每年将为 1000 对母婴提供科学的康养服务，为 5000 个年轻家庭提供亲子度假和学前教育服务，等等。“基地式母婴行业从业人员培训”板块，每年可提供

2000 个母婴专护师等的高级技能培训，提供 1000 个各类护理师的派出服务。围绕绿色健康这一母婴关注重点，以“海星渔村 + 运动森林”基地、花红绿色米食基地、新陆绿色蔬菜基地和洋桥瓜果飘香的乡肴基地为支撑，依托原有生态环境，积极种植绿色稻米、蔬果，做强母婴康养和绿色农产品上下游产业链，共同夯实大健康乡村新产业。

二是推动农旅产业转型升级。统筹区域农业升级，推进“品牌引领、质量发展”，打造宝山湖区域品牌，以市、区农业龙头企业统筹五村稻米产销、蔬菜产销和水产养殖，发挥品牌纽带作用，整合区域丰富农产品，加强农产品生产、加工、包装、销售等环节质量控制，拓展消费市场。串联区域旅游特色线路，统筹五村“蟹逅馆”“涵养林”“星空营地”“耕织馆”“萱草园”“芋见田园”等管理运营，培育形成“泾”彩绝妙发现之旅、“花果宝山”休闲游等特色乡村旅游线路。此外，通过连年举办宝山湖长江蟹品鲜节、小龙虾垂钓节、美丽乡村徒步赛等特色活动，进一步促进农业与旅游相互衔接，切实形成农旅产业升级的“团队效应”。

三是培育研学教育产业。以新陆泾彩营地为核心，整合五村慈孝教育、民俗体验、渔事文化体验、蔬艺农耕体验、芋头主题农耕体验、乡土乡情乡愁体验、萤火虫生态抚育、爱国主义教育、长江口水环境教育等丰富研学内容，通过“1+N”模式培育研学教育新业态，搭建城乡交流新平台。

四 风貌联塑，环境共护

一是连片修复环境生态。通过“一江一河一湖一库一网”，构建区域水生态系统。立足上海饮用水二级保护区，贯彻长江大保护政策，重点实施河道整治和生态治理，五村连片修复生态环境，构建去富营养化的“水生森林”净化系统，实现水体持续自净，提升整体的生态环境。2020 年，五村大部分区域达到三类水质，局部如“涵养林”可达二类水质。打破村落村界壁垒，农林用地连片发展，6000 多亩农地、3000 多亩林地构建区域连片生态屏障。

二是重塑村落文化特色。一方面，因地制宜保护历史资源点的完整性、延续性，探索历史元素的再生利用途径。例如，维护、修缮洋桥老宅、老树，保护小桥流水、果树庭院自然肌理，重塑“一条东升路，百年新陆史”，留住乡愁里的场所记忆。另一方面，围绕慈孝文化和延伸亲子主题，规划农林用地主题化、游憩化开发。例如，新陆村、塘湾村交界林地延续慈孝主题，统一打造“椿萱园 · 木本蔬菜”基地；新陆村打造以春花秋色景观为特色、慈孝文化为主题的十恩林；花红村结合“春有桃花、夏有棉花、秋有稻花、冬有芦花”村名典故打造十里桃花水岸；千亩涵养林、“星空”球等，已成为沪北较为知名的新“网红”打卡地。

五 设施联通，邻里共建

一是疏通片区内外交通。罗泾镇充分考虑村民实际需求，以提高可达性、提升行走体验为目标，大力推进“四好农村路”建设，立足联动路线衔接、拓宽、修缮和打通断头路，主路连村、支路成网，切实打通“五村联动”的“任督二脉”。此外，利用现有道路基础，以支路为主，分离机动车干扰，打造 21 公里骑行线路，并利用沿线节点设置八大骑行驿站。

二是统筹公共设施配置。立足产业发展需求，集约建设片区公共设施，以东西端的塘湾村、海星村为两核设置游客（公共）服务中心，以新陆村为营地设置研学教育接待中心，以洋桥村为纽带设置五村农机服务和米制品加工中心。同时，根据村庄人口规模，按需配置公共基础设施和村民活动阵地，突出邻里共享。例如，塘湾村和洋桥村、新陆村合用一个篮球场，洋桥村和新陆村合用一个垃圾分类点。

六 治理联动，智慧共管

一是建立健全联合治理机制。在联村党委领导下，整合各村人力、资源、经验等，构建长效运营管理机制。物业管理统一聘请，协商委托一家专业公司负责片区保洁、保安、保绿，提升村容村貌日常管理水平，保证村村交界地段不留盲区。骨干队伍力量统筹使用，组织各村干部模范队、党员先锋队、小组长宣传队、妇女巾帼队、志愿服务队、青年突击队和乡贤参谋队等7支队伍力量，参与治安联防、环境维护等片区事务，引导村民共治共管。

二是推行“千分考核”和“六治三理”。海星村试点探索建立考核奖惩到户机制，围绕拆违、建房、河道、田林、村宅道路等10个方面，形成考核制度,极大调动了村民自治自管的热情。镇党委及时总结经验，完善形成10项清单、“千分考核”工作制，并进一步借鉴上海城市精细化管理经验，抓住群众关心、矛盾突出、管理薄弱的环节，梳理形成“六治三理”工作法，并在五村内率先推广，推动片区乡村治理迈上新台阶。

三是构建五村智治平台。以五村为整体，加快无线网络全域覆盖和应用场景开发，建设数字乡村。配置鹰眼、安防监控等智能设备，接入“一网统管”平台，实现五村信息平台联网、综治工作联动；开发智慧乡村导览系统，该系统已在塘湾村、海星村等村应用，未来将实现游客“一机在手即可游遍全域”。为老年人服务、河道管理等民生服务和综合管理的智能应用模块正在紧锣密鼓开发中。

点评

罗泾镇通过集中梳理片区内生态、土地、设施等资源，放大生态优势，突出产业与环境融合，大健康、农旅、研学三大产业主线贯穿片区，增强了片区发展的活力与动能。罗泾镇冲破以往单方面、低层次的治理困境，打造全方位、多层次的联动体系，不仅在产业布局、生态保护、文化传承等方面实现有机衔接，而且在村庄治理层面实现有效联动。从单一示范村创建，到片区化发展的思路，有助于扩大地区发展的联动效应。罗泾镇区域资源配置由“自给自足”向“互补共享”转变,各村运维由“封闭运行”向“跨村联动”转变，以低成本解决大问题，增强了片区内的和谐团结，打造了特色区域品质，形成了乡村振兴连片发展示范区，成为超大城市推进乡村全面振兴的样本。

山西西易："六化两融"提质和美乡村建设

导读

山西省朔州市平鲁区西易村在充分调研的基础上，优化财政、社会资金结构，吸收周边农民（含脱贫劳动力）参与项目建设，围绕打好"一个"基础，按照全力推动乡村治理数字化、产业数字化、民生数字化、环境数字化、安全数字化、数字产业化，多业态融合、城乡融合"六化两融"总思路进行数字乡村建设，实现善政兴业惠民的数字化转型，激活宜居宜业和美乡村建设新动能。

山西省朔州市平鲁区西易村积极整合资源，多措并举建成统一的数据资源中心，完善数字乡村应用支撑平台、智慧乡村智能运行中心，以及综合业务多功能应用平台，通过积极申报，入选山西省首批数字乡村建设示范村。市、县两级乡村振兴局走访西易村的 6 家企业，与 158 名农民进行交谈，经过多次探讨论证，提出西易村数字乡村建设总思路。西易村围绕打好"一个"基础，按照全力推动乡村治理数字化、产业数字化、民生数字化、环境数字化、安全数字化、数字产业化，多业态融合、城乡融合"六化两融"总思路进行数字乡村建设，实现善政兴业惠民的数字化转型，激活乡村振兴新动能。

一 打好“一个”基础，实现数字化转型

2022 年，平鲁区西易村入选山西省首批数字乡村建设示范村。西易村针对信息来源分散的情况，整合资源建设统一的数据资源中心，完善数字乡村应用支撑平台、智慧乡村智能运行中心及综合业务多功能应用平台，全面提升村域数字服务能力，为数字化转型奠定坚实基础。

二 推动“六化”同步，实现善政兴业惠民

一是治理数字化。利用互联网科技及大数据分析，加强党建、政务、村务三大职能部门联系，打造“党建 + 政务 + 村务”数字化平台，实现村党务、政务、财务动态化管理、监管无盲区、流程留痕、风险有预警等。同时，村民通过数字化平台就能及时了解村里动态，村民咨询问题、反映诉求、解决问题实现高效快捷。

二是产业数字化。着眼资金变股金、农民变股民、农人变工人的“三变”，西易村村民人均入股 2.2 万元，发展数字经济，推动互联网、大数据、人工智能和实体经济深度融合，实现 5 个 2700 平方米的蔬菜大棚、13 栋 1.8 万平方米养牛场、3600 平方米的饲草饲料加工车间仓库、3 座煤矿等 22 个产业的标准化生产、精准化管控等。建设电子商务平台，打通产品进入市场的“最后一公里”。

三是民生数字化。构建教育、医疗、智能养老等公共服务体系，借助“互联网 + 教育 + 素养”功能板块，向村民提供城市优质教育资源，使其享受“西易文化”公共资源等；借助“互联网 + 医疗 + 康养”功能板块，村民通过手机向村医传送血压、血糖等信息，进行统计建档

管理；采用“系统 + 服务 + 老人 + 终端”的模式，重点打造以“呼叫救助、专人照料、健康服务、档案管理”为中心的智能养老服务网络。

四是环境数字化。建设人居环境系统，通过公共环境维护积分制、公厕保洁工作制、垃圾分离制等奖励机制，促使村民自觉维护公共环境卫生，推动人居环境改善。

五是安全数字化。打造“平安小区”终端平台，推进智慧门禁、智慧家居、智慧停车、智能安防、智能消防“五大工程”建设，搭建起“人、车、物、房”信息智能采集标识和风险动态感知预警的立体式“安全篱笆”。西易村针对产业基地因气候干燥而林火易发生的特点，开发森林防火服务检测平台，增强防火管理水平和服务能力。

六是数字产业化。逐步探索建立“数字文化党建博物馆”，通过虚拟仿真、全景漫游等先进数字技术，将文化资源和煤炭资源变成旅游产业。2022 年西易村党委投资 3 亿元打造高品质数字养老康养中心，探索智能养老新模式。

三 打通“两融”通道，实现多业态、城乡融合

一是建设“1155 工程”，实现集团统一管控和不同业务板块融合。“1”是建立统一的云平台，将原来分散的数据中心，整合到统一的数据中心。“15”是建立 15 个一条龙管理子系统，如运营监管、采购管理、销售管理等。“5”是实现提质增效、信息安全、支撑管控、业务协同、引领创新五大目标。

二是建设数字乡村，实现城乡要素双向流动。通过数字化建设突破城乡地理空间的限制，如通过电商、在线直播，西易村的西红柿、小杂粮等农村绿色食品能够进城；通过远程医疗、在线教育等，城市的优质资源能够流向农村。

点评

山西省西易村通过优化财政、社会资金结构，保障资金到位；规范化操作，保障程序到位；全民化参与，保障人员到位；创建数字乡村示范村。以全力推动乡村治理数字化、产业数字化、民生数字化、环境数字化、安全数字化、数字产业化，多业态融合、城乡融合“六化两融”为总思路，实现西易村善政兴业惠民的数字化转型，激活了乡村振兴新动能。西易村工作机制成熟，成效显著，以“六化两融”总思路创建数字乡村，在提升农村基本公共服务水平上优化财政、社会资金结构，吸收农民参与项目，可供其他乡村地区数字化转型借鉴学习。

福建长汀：以“515”模式打造“靓丽美”新乡村

导读

福建省龙岩市长汀县创新人居环境整治工作模式，推进“红旗跃过汀江 · 两山实践走廊”跨村联建示范片和全县省级乡村振兴试点村建设。探索建立“515”工作模式（建设“小菜园”“小果园”“小花园”“小公园”“小乐园”等“五园”改善村容村貌，打造“一舍”用于鸡鸭圈养促进环境整洁，实现村庄周围森林化、村内道路林荫化、村民庭院花果化、村内集中绿地宜人化、河渠公路沿线风景化等“五化”助力宜居宜业），以生态宜居为目标，因地制宜、分类施策，高标准推进农村人居环境整治，让乡村环境变得更加优美，生态变得更加宜居，创建“靓丽美”的宜居宜业和美乡村，加快推进乡村全面振兴。

福建省龙岩市长汀县积极探索建立“515”工作模式，推进“红旗跃过汀江 · 两山实践走廊”跨村联建示范片和全县省级乡村振兴试点村建设。

一 建设“五园”改善村容村貌

各村对照村庄规划布局，积极引导村民注重拆后土地的有效利用。

把房前屋后的“空闲地”变成“小菜园”、村内可视范围的“山坡地”变成“小果园”、危旧房和空心房拆除后的“拆后地”变成“小花园”、道路两侧的“零散地”变成“小公园”、违章建筑拆后的“废弃地”变成“小乐园”。

为保留乡村原生态，编织生态竹篱笆围挡，让原本杂乱的菜地、果树区摇身一变成为“小菜园”“小果园”，在田园画卷上描绘出更加美丽的风景线。

截至 2022 年 8 月，全县共有效利用拆后土地约 13236 平方米。通过打造“五园”，在庭院内和房前屋后种菜、种果、种花、种树等，现建有“小菜园”480 个，“小果园”400 余个，“小花园”“小乐园”“小公园”共计 300 余个，不断提升生活品味，改善乡村宜居新貌。

二 打造“一舍”促进环境整洁

长汀县以建设美丽乡村为重要抓手，做到建设美丽乡村与农户发展需求、村庄环境整治、生态宜居相结合，针对农村普遍存在的鸡鸭散养等问题，长汀县专门制定《长汀县农村人居环境整治提升工作方案》，建立健全长效管护机制，在片区内各村推广“515”有效机制和模式，组织开展好“人居环境整治日”“农村人居环境整治提升夏季行动”等活动，健全门前“三包”制度。

摸索符合本村实际的圈养方式、圈养场所、圈养管护，合理规划，在尊重群众意愿的基础上，选择房前屋后、菜园、果园等处作为鸡鸭圈养地，利用农村附属房修建小鸡（鸭）舍，选择本地丰富的毛竹资源，以特色竹篱笆等方式，专门圈出空地，实行全村散养的鸡鸭入笼圈养，解决了原本家禽满地乱跑、粪便随处可见等棘手的问题，保证村里道路及房前屋后环境卫生整洁。片区中的三洲镇三洲村、曾坊村积极响应，结合本村实际，镇村干部通过全村走访，大力宣传家禽入笼圈养对人居环境的好处，做通群众思想工作。截至 2022 年 8 月，全县新建养殖舍30余处，引领带动全镇200余户农户参与整治工作，乡村环境得到较大改善。

截至2022年8月，全县累计发动群众5000余人次，已建可供鸡鸭入笼圈养的养殖舍700余处，利用拆后地等8000余平方米，达到了环境美、村庄靓的宜居效果。同时，抓好长效机制，把散养家禽的整治工作列入日常巡查监管范围，发挥人居环境整治监督员及网格员作用，将工作任务细化、工作责任落实，防止散养现象回潮，打造整洁优美的农村人居环境。

三 实现"五化"助力宜居宜业

以村庄、道路、庭院绿化为实施重点，坚持因村施策，从大处谋划、小处着手，科学规划符合各村发展的绿化美化提升方案，实现村庄周围森林化、村内道路林荫化、村民庭院花果化、村内集中绿地宜人化、河渠公路沿线风景化的"五化"目标。

根据村情实际，因地制宜，因材致用，充分利用村庄房前屋后、河旁湖旁、渠边路边、空闲地等一切可种植的边角空地，拆违植绿、见缝插绿、垂直挂绿、遍地种绿。通过绿化美化，村庄整体绿化效果亮点凸显，自然生态、人居环境、乡风文明得到了有效改善。在片区各村种植本土的花树、果树、绿植花卉，实现"三季有花、四季常绿""村庄森林环绕、村内花果飘香"的绿化美化效果。各村根据群众实际需要，以农民为主体，选择栽种农民喜欢和易生存的花卉、树种，促使农民积极参与到美丽乡村建设中，成为"五化"建设的主力军。

在村中的公共区域进行绿地建设，根据应绿尽绿的原则，配置座椅、花坛、体育设施等供村民娱乐和休憩使用，实现村民庭院绿化。把旧农具、旧石磨等废弃老物件以及旧砖瓦、旧木料等建筑垃圾进行合理利用，打造成造型巧妙、能与环境融为一体的乡村微景观，既可变废为宝、美化乡村，又可睹物思人留住乡愁，形成家庭经济多样化、特色化的庭院经济发展之路，推动农业增产、农民增收、庭院美化。截至 2022 年 8 月，全县示范片各村全部完成村庄绿化美化，栽植各类苗木树木及花卉 20 余万株，绿化草地 25000 余平方米。

点评

福建省长汀县创新人居环境整治工作模式，通过打造“五园”，在庭院内和房前屋后种菜、种果、种花、种树等，不断提升人居环境品质，绘就乡村美丽新画卷。通过建好养殖舍，转变村民传统观念，引导村民规范养殖，规划家禽圈养用地，极大改善了农村人居环境。实施村庄周围森林化、村内道路林荫化、村民庭院花果化、村内集中绿地宜人化、河渠公路沿线风景化等“五化”助力宜居宜业。以“五园一舍五化”高标准推进农村人居环境整治，促进宜居宜业和美乡村建设，为全省、全国建设宜居宜业和美乡村提供了经验借鉴。

第6章
加强和改进乡村治理

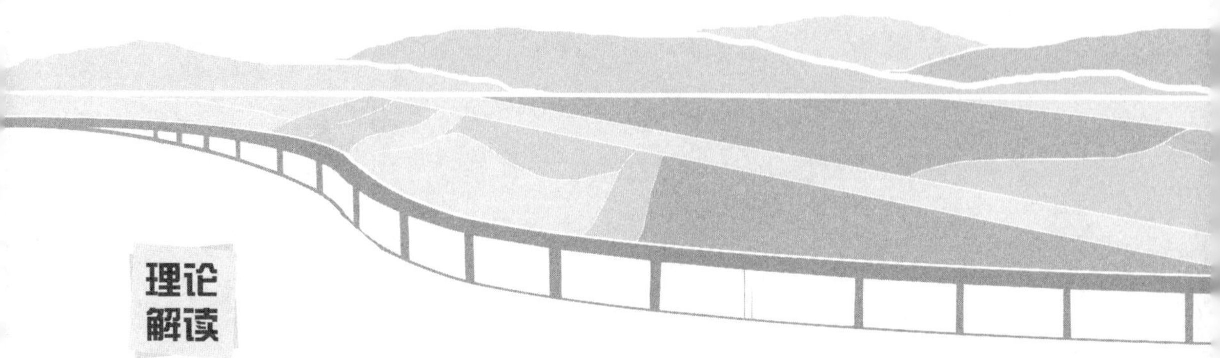

理论解读

习近平总书记指出："要加强和创新乡村治理，建立健全党委领导、政府负责、社会协同、公众参与、法治保障的现代乡村社会治理体制，健全自治、法治、德治相结合的乡村治理体系，让农村社会既充满活力又和谐有序。"[1]"加强和改进乡村治理，要以保障和改善农村民生为优先方向，围绕让农民得到更好的组织引领、社会服务、民主参与，加快构建党组织领导的乡村治理体系。……要用好现代信息技术，创新乡村治理方式，提高乡村善治水平。"[2]习近平总书记的一系列重要论述，为提升乡村治理水平，推进乡村全面振兴提供了根本遵循。从各地实践看，乡村治理不断取得新成效，但是一些存在的问题还没有从根本上得到解决。比如，部分地区基层组织能力薄弱、部门协同机制不健全等问题。上述问题又导致了乡村治理主体乏力等问题。这些存在的问题是导致乡村治理体制机制不健全、平台建设不成熟、乡村治理水平不够高的重要原因。

本章选取了 5 个乡村治理典型案例，分别是：《浙江衢州："县乡一体、条抓块统"提升治理效能》《广西通挽："五事共治"机制打开乡村治理新局面》《河北巨鹿："巨好办"服务平台构建乡村治理新格局》《浙江象山：线上"村民说事"畅通群众议事渠道》《重庆花田：构建四种机制走好乡村治理"数字路"》。这 5 个案例呈现了显著效果，其经验做法具有普遍性。总结归纳这些经验做法，主要是：一是完善村党组织领导下的

① 习近平：《论"三农"工作》，中央文献出版社，2022，第 254 页。
② 同上书，第 17 页。

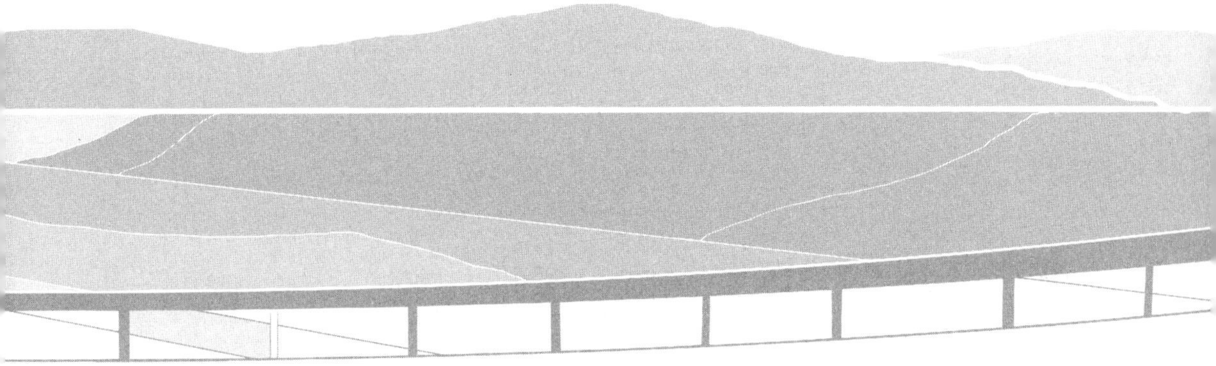

乡村治理体制机制，构建党建引领乡村治理新格局，选优配强干部队伍，提升治理主体服务意识和服务能力。二是规范村级组织工作事务，完善工作目标考核机制，构建权责清晰的乡村治理工作体系。三是广泛吸纳村民进行自治，全面推进民主管理，充分保障村民在日常村务中的参与权，增强村民自我管理、自我教育、自我服务能力，激活乡村治理内生动力。四是有效运用数字技术推进数字乡村治理，创建一体化、网格化、规范化的乡村综合治理平台，利用平台整合乡村治理资源。

上述 5 个典型案例启示人们：第一，推进乡村治理是一项系统性、协同性、整体性工程，是一项长期而艰巨的任务。只有坚持自治、法治、德治相结合，走中国特色乡村善治之路，才能不断增强广大农民群众的获得感、幸福感和安全感。第二，加强和改进乡村治理，需要建立多元共治的长效机制，充分引导多方力量共同参与，实现多元主体在乡村治理中各司其职、各负其责，确保乡村既充满生机活力又保持安定有序。

学习借鉴这些案例的做法和经验时，首先要了解本地的治理现状与突出的治理问题，带着问题去寻找突破口；其次要有针对性地借鉴吸收好的做法，把典型案例的创新举措与本地的突出问题结合起来完善制度设计；最后要在实践中不断完善改进举措，不断探索、实践，形成适合本地的乡村治理机制，走具有本地特色的乡村善治之路。

浙江衢州："县乡一体、条抓块统"提升治理效能

导读

衢州市作为浙江省"县乡一体、条抓块统"改革试点先行市，通过重构县乡权责关系、推进事项集成联办、下沉资源力量、优化平台建设，有效破解权责匹配难、资源下沉难、县乡协同难等问题，打造了乡村治理现代化的衢州样板。

衢州市位于浙江省西部、钱塘江源头、浙闽赣皖四省边际。为解决县乡间权责不清、联动不畅等长期影响乡村治理效能的问题，衢州市按照浙江省委的部署，开展"县乡一体、条抓块统"全市域综合试点，全方位推进职能部门赋能基层、放权基层、服务基层，明确县乡权责界面，把乡镇做大做强，提高对资源、平台、队伍的统筹协同能力，构建乡村治理共同体，形成上下贯通的县域整体治理格局，全面激发乡村治理新活力。

一　推进基层职能重塑，重构县乡权责关系

一是创新镇街分类管理模式。根据规模、区位、产业等因素，将全市 100 多个乡镇（街道）分成经济型、生态型、复合型、城区型、

城郊型等五大类型管理，根据不同类型的功能定位、职责职能和发展重点，建立差异化的政策资源调配机制和工作目标考核机制，推动乡镇特色发展、差异发展。

二是推行基层模块化运行机制。推进乡镇功能业务相近、职责职能相同、任务内容相似的机构和岗位有机融合，构建党建统领、经济生态、平安法治、公共服务四大平台模块，形成“1 个综合信息指挥室 +4 个模块”运行架构。高位“瘦身”精简内设机构，将乡镇（街道）内设机构“一对一”或“多对一”嵌入模块，建立起模块与机构、机构与岗位、岗位与职责相匹配、相融合、相衔接的高效运行机制，实现乡镇工作从“单兵作战”向“兵团作战”升级，乡镇功能从“条块分割”向“扁平高效”过渡。市域内各县（市、区）优化机构综合设置，明晰匹配模块运行路径，精简 18.1% 的行政内设机构。

三是构建县乡权责一致体系。建立健全权责清单、政务服务清单、属地管理事项责任清单“三张清单”，依单履职、依单管理、依单问责，编制乡镇（街道）清单事项办事指南及流程图，纳入浙江政务服务网运行，实现基层“清单之外无事项、列明之外无责任”。

二　推进事项集成联办，构建协同联动格局

一是迭代“一件事”集成联办。激活“任务分解深下去、综合集成升上来”的“V”字形运行思路，拆解“一件事”事项处置的基本环节，梳理人、事匹配事项清单，从“高效处置一件事”转变为“高效处置一类事”。强化基层治理领域农民建房服务监管、欠薪处置等 17 件“一件事”实战运行。

二是拓展“一件事”应用范畴。动态调整“一件事”清单目录，按照党建统领、经济生态、平安法治、公共服务四大类，梳理初信初访、产业工人培训、农业龙头企业培育等“一件事”，拓展延伸经济社会发

展全领域。迭代升级基层治理“一件事”系统，构建自助分析和预警系统，推动“一件事”系统与“基层治理四平台”（党建统领、经济生态、平安法治、公共服务）等线上系统运用，促进部门和乡镇“限时响应”，实现“乡呼县应”。农民建房服务监管“一件事”上线后，建房审批时间由原来的 90 天缩短至 7—17 天。

三 推进资源力量下沉，增强镇街统筹能级

一是以“大综合一体化”改革为契机推动事项人员全下沉。开展“1+5”（综合执法 + 市场监管、生态环境、交通运输、卫生健康、应急管理）行政执法改革，推动执法制度重塑、流程再造、效能提升，全面打造“事权下放、力量下沉、执法综合、监管融合”新格局，提升乡镇统筹协调能力和综合管理能力。率先开展乡镇“一支队伍管执法”改革，以重点乡镇为“1”、周边乡镇为“X”，创新“1+X”执法模式。截至 2022 年 8 月，全市 35 个中心乡镇建立了综合行政执法队，42% 的综合执法事项下放一线，81% 的综合执法力量下沉一线。

二是以“一下沉、五统筹”基层管理体制改革为契机推动机构编制全下沉。推动市县部门人员编制纵向下沉，统筹乡镇人员编制与街道人员编制、行政人员编制与事业人员编制、乡镇人员编制与部门派驻站所人员编制等，破解乡镇事多编少、有责无人等问题。至 2022 年 8 月，全市共下沉行政编制 159 名、事业编制 567 名，乡镇行政编制占比 41.9%，事业编制占比 21.3%，确保“基层事情基层办、基层事情有人办”。

三是以推行基层干部“四权管理”“四维考评”办法为契机推动管理考评全下沉。实行派驻乡镇机构编制、人员“双锁定”办法，全市 1460 名部门派驻干部与 5400 名乡镇干部全部纳入平台模块一体管理、一体使用，同时赋予乡镇对派驻干部的指挥协调权、考核管理权、推

荐提名权、反向否决权等“四权管理”。创新基层干部“岗位赋分、模块评分、组团积分、专项计分”的“四维考评”机制，打破条块割裂，打破身份标签，打破平均主义，通过四维分析“定分值”、双向选岗“优配置”、量化积分“强绩效”，实现“干多干少不一样、干好干坏不一样、干与不干不一样”。

四 优化三级平台建设，搭建整体指挥体系

一是建立县级社会治理中心。实行县委主导、中心主抓、部门协同的运行模式，成立县级基层治理委员会（领导小组），作为县委议事协调机构，推进基层治理体系建设工作和基层治理工作的统筹、协调、管理等。县级基层治理委员会配套设立县级社会治理中心，为县委、县政府直属正科级事业单位。例如，衢江区强化社会治理中心的运行管理，设 18 个接待窗口和 19 个接待功能室，采用“常驻 + 轮驻 + 随驻”的治理模式，整合社会矛盾纠纷调处化解中心、12309 检察服务中心等 13 个工作平台成建制入驻；县纪委监委、县公安局、县妇联等部门和各种社会力量采取轮驻、随叫随驻相结合的方式入驻。建立新进公务员及事业单位人员到社会治理中心进行为期 2 个月的岗前业务培训锻炼机制。

二是迭代乡镇综合信息指挥室。综合信息指挥室与乡镇党建工作办公室合署办公，乡镇党委书记兼任指挥室主任，负责综合指挥调度、分析研判等工作。综合信息指挥室对上做好与县级社会治理中心的汇报沟通、协调对接，对下负责村社全科网格的管理、考核、培训、指导等工作，实现“基层治理四平台”高效协同，事件受理交办、处置反馈、督办考核工作闭环管理。科学设置岗位，配备专门力量，强化人员 24 小时全天候值班制度，原则上中心镇设置 4—6 个岗位，一般乡镇设置 3—4 个岗位。

三是深化村社网格建设。网格员负责发现和上报社会治理事件，按照“分级负责、协同处置”的原则，实行网格事件报办分离。设立“微网格”治理单元，构建全面覆盖的网格化管理体系，全市每300—500户居民配备1名专职网格员，做到全覆盖、无死角，将“微网格”落在单元内，形成“组织在网格中建立、干部在网格中服务、活动在网格中开展、矛盾在网格中化解”的“微治理”工作模式。

五 推进两大体系贯通，提升乡村治理水平

一是优化贯通路径模式。坚持数据同源、模型同构、全市统筹，一体建设县、乡和村社网格三级工作界面，使基层治理“141”体系（“1”指县级社会治理中心，“4”指“基层治理四平台”，“1”指村社网格）在衢州贯通融通，分类型、分模块、分层级承接“162”（“1”指一体化智能化公共数据平台，“6”指党政机关整体智治、数字政府、数字经济、数字社会、数字法治、数字文化6个综合应用，“2”指数字化改革的理论体系和制度规范体系），推动分层分类贯通，确保贯通工作分层有序。同时，以一体化智能化公共数据平台为支撑，通过业务协同和数据共享服务网关，实现省级重大应用与衢州基层治理综合应用的技术贯通，推动以事件为基础的基层治理标准化、智能化、一体化。

二是加快建设基层治理“大脑”。坚持省市联建，初步形成基层治理“大脑”建设方案，着重建设全域感知、综合集成、赋能支撑三大能力域，由市级统筹建设通用和核心能力，县县做好集成对接和场景应用落地运行。打造“一屏两端”，优化基层治理综合应用功能，推动综合应用平台与用户体系打通，用户可在“基层治理四平台”一次登录访问全贯通应用。

点评

乡村治理是国家治理的有机组成部分，乡村治理现代化关系到国家治理现代化的目标实现。而乡村治理现代化的重要表现是制度化、规范化，这需要建立健全规范完善的乡村治理体系。浙江省衢州市“县乡一体、条抓块统”的全市域综合试点，从基层治理维度，在放权、赋能上下功夫，推进职能部门更多向基层赋能，把更多决定权下放基层，着力拓展为基层服务空间；从能力提升维度，重点是加强乡镇对资源、平台、队伍的统筹协同能力建设，全面激发乡村治理新活力，从而有效推动县域乡村治理能力的持续提升。

广西通挽："五事共治"机制打开乡村治理新局面

导读

广西来宾市武宣县通挽镇探索党建引领乡村治理模式，为切实解决好群众关注关切的难题，通过畅通事项收集渠道、构建破解履职懈怠心理的工作机制、强化群众反映事情的结果反馈、加强跟踪问效来评价治理成效，建立健全"五事共治"机制，完善治理规则、构建工作闭环，将群众的"操心事、烦心事、揪心事、急难事、期盼事"一体治理，不断推进乡村治理体系和治理能力现代化。

武宣县通挽镇位于广西中部，隶属来宾市。针对农民群众的"操心事、烦心事、揪心事、急难事、期盼事"反映渠道少、处理过程中部门推诿扯皮、处理成效不够显著、处理结果公开不足等问题，通挽镇探索建立"五事共治"机制，畅通收集渠道、明确治理机制、强化结果反馈、加强跟踪问效，确保群众"五事"件件有记录、件件有措施、件件有回应、件件有落实，有效解决联系服务群众"最后一公里"的问题。

一　畅通收集渠道，保障“五事”件件有记录

一是规范登记。建立“五事”登记制度，在各村各单位醒目位置均设立“五事”诉求登记窗口，安排专人负责收集群众反映的问题，统一编制事项登记簿，详细记录登记人、登记时间、诉求事项以及领办人和领办时间，为办理情况追踪溯源提供依据。

二是网格摸排。根据自然屯村民人口、居住集聚度、村屯骨干分布以及群众生产生活传统等情况，按照“完整覆盖、居住相邻、范围适宜、便于管理”原则，科学划分巷道党建网格，每个网格覆盖 10 户左右农户。村屯党组织选定公益心和协调能力较强的村屯干部和优秀党员担任巷道党建组织员，按照 1 名组织员加 10 户群众“结一联十”的方式联系服务网格群众，将群众全部纳入党建网格体系，深化网格化、精细化管理。组织员定期对网格内农户进行全覆盖摸排，收集群众“五事”。

三是常态走访。建立干群连心制度，镇政府每名在职在编干部至少联系 5 户脱贫户、监测户、困难户等重点对象，每月至少开展 1 次走访联系工作，经常性和群众话家常，沟通感情，及时收集联系户的“五事”。党员代表、人大代表、村民代表中心户入户走访各自负责联系或包片的农户，广泛收集群众遇到的困难问题和提出的意见和建议，定期向镇党委、政府反馈。

二　明确治理机制，保障“五事”件件有措施

一是建立清单分类治理。成立镇、村两级“五事”交办工作小组，建立各层级的治理清单，将原先制定的零星制度，整合为完整的“五事共治”制度体系。目前，通挽镇针对农村党员、致富能人、脱贫户、

退役军人等不同群体，社会民生、平安建设、安全生产等不同领域，建立“五事共治”制度 60 多项。

二是明晰权责分层治理。针对群众反映的“五事”，分类分层分流进行处理，避免出现推诿扯皮。村级范围能解决的，由各村积极认领、立即办理；村级不能解决的，及时上报镇级，由镇级“五事”交办工作小组根据事项内容对应安排职能部门，明确治理主体、治理方式、治理时间，经领导小组同意，以交办单的形式移交负责的单位和组织。

三是搭建平台协商治理。对重大问题、涉及群众切身利益的重要事项，邀请村屯干部、党员代表、人大代表、新乡贤代表等人员召开民主协商会，共同商议解决办法，实现人才、资源联动。例如，针对江龙村群众提出的“村主干道边鱼塘没有护栏，存在安全隐患”，组织各界人士筹集资金，一周内完成护栏安装，得到群众的广泛称赞。

三 强化结果反馈，保障“五事”件件有回应

一是即时反馈受理情况。针对收集到的“五事”，由接收单位研判后做相应处理。对能够解决的问题，明确解决措施和治理标准，及时反馈给当事人；不属于“五事”范围的问题，做好解释工作；不属于本级治理范围的问题，对下做好交办工作，对上做好汇报工作。

二是随时反馈治理进度。对一些情况复杂、需由多部门联合治理，或治理时间较长的，或因条件限制当前不能解决的问题，向当事人做好解释说明工作，随时告知其事项办理进度。

三是定时反馈治理结果。每月初由各村各单位负责人汇报上月“五事”治理工作情况，对于未解决的事项，重点汇报存在的困难、需要上级协调解决的问题。每季度将落实“五事共治”结果向群众公开，由群众来评判。

四 加强跟踪问效，保障“五事”件件有落实

一是实行销号管理。以“五事”登记簿作为“施工单”，各村各部门依据职责范围画出“施工图”，明确工作措施、完成时限、具体责任人，由镇级对各村各单位办理情况进行核验，逐一销号。

二是实行重点督办。每年确定 5—6 个重点“五事”，由镇纪委对“五事”治理情况进行重点督办。对治理有效、群众满意度高的单位，优先推荐获得评优评先资格；对组织不力、问题较多的单位，进行批评教育和严肃问责。

三是实行满意度回访。由镇级安排专门人员对已办结的“五事”治理情况进行电话跟踪回访或上门走访，重点了解群众对“五事”治理成效满意度，并就治理过程中遇到的问题提出意见和建议。2021 年至 2022 年 8 月，通挽镇通过“五事共治”收集到各方面民情民意、建议 674 件，协调解决 615 件，群众满意度达 93%。

点评

国家治理体系和治理能力的现代化，离不开乡村治理体系和治理能力的现代化。在全面推进乡村振兴过程中，如何解决好人民群众急难愁盼问题，提升基层治理水平和治理能力，广西来宾市武宣县通挽镇给出了“通挽方案”。通挽镇通过建立“五事共治”机制，针对农民群众的“操心事、烦心事、揪心事、急难事、期盼事”，畅通收集渠道、明确治理机制、强化结果反馈、加强跟踪问效，确保群众“五事”件件得以解决，有效解决了联系服务群众“最后一公里”的问题。

河北巨鹿："巨好办"服务平台构建乡村治理新格局

导读

河北省邢台市巨鹿县探索运用信息化手段提升治理效能，依托"巨好办"数字乡村综合治理平台，推行全域覆盖网格化治理，建立全流程、闭环式、智能化问题处置机制，创设"三个体系、五个模式、四个精准、四个渠道"乡村治理模式，在共建共治共享中实现乡村治理提标、服务群众提质、工作落实提效、产业发展提速，创新"互联网＋政务服务"向基层延伸的模式路径，形成"部门围绕乡镇转、乡镇围绕村庄转、村庄围绕群众转"的治理格局。

巨鹿县位于河北省邢台市中部。近年来，巨鹿县开发应用"巨好办"数字乡村综合治理平台。该平台从上线至 2022 年 8 月，累计解决群众诉求 47 万余件，平均办结时间 3—5 天，办结率 96.6%，政务服务效率和群众满意度显著提升，信访量大幅下降，网络舆情连续 2 年全市最低，乡村治理衍生效应逐步显现。一是网格化治理更加高效，网格员排查信息上报更加及时，政令传达落实得到提速，为快速处置赢得了主动。二是政府治理更加精准，智能化统计群众诉求问题、网格员上报事项等第一手资料，精准分析"一问题多区域""多问题同区域"等情况，为党委、政府及时掌握社会关注及群众需求、快速作出反应提供了支撑。三是智能应用快速普及，为各项便民服务、缴费事项、农村及社区兜底服务等构建智能化、多元化、“一站式”服务模式，大幅提升了群众生产生活的便捷度和舒适度，进一步增强了县、乡、村协同作战能力。四是数字政务改革持续深化，实现成本节约和各类治理资源数字化、集成化、高效化利用。五是产业发展瓶颈有效破解，推动乡村产业数字化和政府认证的信用质量体系建设，促进乡村产品质量提升，实现低成本、高品质、快销售，助力农民增收，带动村集体经济发展。其主要做法如下。

一　建立“三个体系”，夯实全域数字治理基础

一是建立一体化治理体系。成立集网格治理、督导调度、协调联动于一体的县级调度指挥中心，建立部门治理、乡镇治理二级平台，打造全地域、全领域的数据共享、传输、反馈“一站式”服务平台。

二是建立网格化组织体系。将全县城区、农村划分为 2800 个基础网格，每个网格安排 1 名综合网格员深入一线进行常态化排查，加强全域覆盖网格化治理，有效延伸乡村工作“触角”。

三是建立规范化运行体系。实行事件上报、分类受理、响应指定、部门处置、结果反馈“五步作业”流程，根据紧急程度限时办结。乡镇部门诉求响应率、事项办结率、群众满意率动态排名，定期通报督办，对不作为、推诿扯皮的部门或人员，通过平台流转至县纪委处理，压实各级工作责任。

二　开启“五个模式”，实现群众诉求回应多元化

一是村级组织“主动办”。设置“帮我办”应用模块，特殊群体及在外群众将需办事项通过平台推送至所在村（社区）组织，基层组织根据群众授权委托予以积极协调解决。

二是网格员“日常办”。发挥网格员“前沿哨”作用，在街头巷尾、田间地头主动发现问题隐患、了解群众诉求、提出意见和建议，并通过“立即办”应用模块一键上报、闭环处置。

三是群众诉求“直接办”。群众通过“立即办”应用模块反映的问题，直接上传县调度指挥中心，24 小时不间断接诉处置。

四是便民事项“集中办”。设立“居民服务请点我”应用模块，推出家居维修、送餐代购、约车出行等服务事项，并将公积金、医保、社区居民登记等服务事项及水电、热力、物业及手机充值等缴费事项集中上线，方便群众生产生活。

五是全民共治“监督办”。设立“码上监督”“我要建议”“我要投诉”应用模块，鼓励群众行使监督权利，打造多主体参与乡村治理新格局。

三 实施“四个精准”，打造高效落实新常态

一是精准派发推送。开发“我要办”“要我办”应用模块，县、乡、村三级政务协同联动、高效办公，实现集指定派发、自动接收、进度跟踪、智能统计于一体的网上数字化办公。

二是精准调度督导。设立“重点工作督办”应用模块，对中心工作、民生实事等上线督办，实时掌控办理进度。

三是精准“晾晒”评比。建立“红黑榜”应用模块，各部门自行线上申报，由县委组织部审定列为“红榜”“黑榜”事项，县级将“高效工作榜、亮点工作榜、创新工作榜”和“低标准工作曝光台、低效工作曝光台”等表彰通报结果公开“晾晒”，作为年终实绩考核的重要依据。

四是精准无缝对接。将各部门独立智慧应用平台无缝对接至“巨好办”数字乡村综合治理平台，延伸智慧政务、数字政府及智慧城管、交通、安防、社区、医疗、教育等应用，推进政务服务、公共服务资源数字化、集成化、高效化。

四 畅通“四个渠道”，激发乡村产业发展新活力

一是畅通产品溯源渠道。结合巨鹿金银花、葡萄等特色农产品，打造“智慧农业”应用模块，建立农产品质量溯源体系，打造“一村一品”的特色产业“新高地”。

二是畅通县内销售渠道。以村集体公司和本地龙头企业为单元，建设本地农特产品直采基地，上架至“巨好办”平台售卖。与电商合作，引入专业营销团队，实现宣传精准推送、广告定向投放。

三是畅通物流配送渠道。打造集快递收发、团购服务、便民服务于一体的电商综合服务站，为群众免费提供快递代收业务，打通农村物流配送的“最后一公里”。

四是畅通产品推介渠道。筛选品质优、销量好的产品进行达标认证，将其认证为地标产品，推荐上架到电商平台，销往全国各地。

点评

数字赋能乡村治理，大数据服务基层政务。河北省巨鹿县创新“互联网＋政务服务”基层延伸新路径，开发应用“巨好办”数字乡村综合治理平台，建立全流程、闭环式、智能化问题处置机制，创设“三个体系、五个模式、四个精准、四个渠道”数字乡村治理模式。数字乡村治理，难点在于铺开数字治理覆盖面，解决好政务联系乡村的“最后一公里”。巨鹿县推行全域覆盖网格化治理，夯实全域数字治理基础，在共建共治共享中实现乡村治理提标、服务群众提质、工作落实提效、产业发展提速。

浙江象山：线上“村民说事”畅通群众议事渠道

导读

浙江省宁波市象山县针对现有“村民说事”制度流程中存在的短板和不足，坚持问题导向、需求导向，创新推出“线上 + 线下”模式，推动“说议办评”数字化升级、全闭环运行，实现“群众说得出、决策议得好、事情办得实、成效评得准”。首先，对核心事务进行重新梳理，细化工作事项流程，归集融合再造“村民说事”数字化管理流程链条，编制梳理重大需求、多跨场景应用、改革任务等“三张清单”，构建“村民说事”制度环环相扣的线上递进式事务流程。其次，实现“村民说事”一键智达、村务决策一体联动、村级事务一网通办、村社管理一屏掌控、监督监管一览无余、评价反馈一触即可，推动民主协商、民主决策、民主管理、民主监督纵深发展，全面提升乡村治理水平。最后，打通党建统领、经济生态、平安法治、公共服务“基层治理四平台”和农村小微权力监督等系统，推动信息互联互通、数据共用共享，有效提升乡村治理智治能力。象山县走出了一条党建引领、村民主体、“四治”融合的乡村善治之路。

象山县位于浙江省东部。近年来，象山县积极探索“村民说事”制度迭代升级，把解决群众议事协商“六难”问题作为突破口，对村级事务治理进行流程再造、制度重塑、业务协同，探索开发“象山村民说事”线上应用系统，实现村级事务“说议办评”线上线下贯通融合、整体闭环。“象山村民说事”线上应用系统于 2021 年 6 月上线，上线 1 年多后，已在全县 18 个镇（乡、街道）、36 个行政村落地推广，注册村民 2.3 万人，日均用户活跃度 1300 人次，累计召开线上线下说事会 38627 次，收到各类议题 6.2 万余项，解决率达 96.4%，群众满意率达 95.6%，农村信访数下降 31%。

一 聚焦流程再造，重构事务管理链条

一是核心任务清单化。建立任务定义、单元拆解、指标体系、数据需求等 6 个环节和 12 个核心指标，设定说事、议事、办事、评事等 4 个一级任务和一般事项报备、重大事项报备、信息发布、会议直播、满意度评议等 25 个二级任务。

二是业务流程标准化。以现有省级“村民说事”标准化为基础，围绕“说、议、办、评”4 个主要环节，融入已立项的全国农村综合改革标准化试点项目，建立民意收集、民主协商、民事村办、村事民评的乡村治理标准体系框架，制定五大类型细化内控标准。

三是管理制度规范化。制定出台《“村民说事”监督规范》《镇村法律顾问一体化服务规范》《村民诚信指数评价规范》《农村小微权力清单规范》等一批标准化实施规范，提炼总结乡村治理经验，有效提升线上“村民说事”的合规性、可操作性。

二 聚焦应用开发，提升智能管理质效

一是拓宽村民参事网上渠道。建立线上说事平台，村民动动手指就可表达意见和诉求，变“定期说事”为“随时说事”，与线下说事形成有效互补。开发视频直播、在线投票、自动计票、生成纪要等功能

场景，推动决策过程公开透明，确保公平公正。例如，涂茨镇旭拱岙村针对外出务工村民较多的实际，利用“象山村民说事”线上应用系统，制定村规民约、婚丧礼俗约定等多项制度，村民知晓率和执行度均达100%。

二是拓展村级事务决策形式。建立“线上会议 + 现场会议”模式，远在外地的村民也可同步参会，降低会议组织难度，扩大会议覆盖面，保障群众民主权利。建立“议事对象 + 特定主体”模式，吸纳在外能人参会，提升决策质量。建立“实名认证 + 人脸识别”准入机制，保证会议决策的规范性、合法性。例如，泗洲头镇墩岙村经济合作社提议，对村内民宿经营户按游客人数收取每人 12 元的管理服务费。该提议于 2022 年 5 月 6 日上传至“象山村民说事”线上应用系统，并定于 5 月 14 召开线上说事会。当天会议应到 1168 人，有 620 人线下参会、548 人线上参会，通过线下、线上投票，共收到 1166 张有效投票和 2 张弃权票，最后以 99.8% 的票数通过并纳入村规民约，预计村集体经济每年可增加收入 50 万元。

三是建立村级事务网办系统。建立村级事务办理展示系统，村民可实时查看事项办理进度，变“结果公开”为“过程公开”，更好保障群众知情权和监督权。参照“最多跑一次”前台综合进件、后台分类审批模式，通过终端平台统一推送，事项办理从原来的“跑多次、找多人”变成“跑零次、找一人”，直接缩减了村干部 60% 以上的工作量。

三 聚焦业务协同，实现数据管理联通

一是建立分级问题处置机制。建立决策议题管理系统，将一般事项和重大事项分级入库、分类处理，同步联通市、县“基层治理四平台”，无缝对接、高效协同办理村级事务。加快基层便民服务点建设，实行村级事务管理多员合一、专职代办，落实一般事项快速结、重点事项

书记抓、联办事项流转办，实现常用事项和民生事项全域通办。例如，平台建立村级事务定性标准体系和事项分级审核推送机制，将村级事务定性为村民个人事项（含个人普通事项和个人重大事项）、涉村集体事项两大类，并以普通、重大两个级别进行分级推送。村民上报的个人普通事项，由村管理员授权村网格员办结；涉村集体事项或重大个人事项，推送至村党支部书记分类处理，村党支部书记根据事项难易程度，确定由村内解决或向上提交。村内能够解决的事项，村党支部书记提请召开不同层级的线上线下“村民说事”会议；村内无法解决的事项，经村党支部书记上报联村干部后，推送至县“基层治理四平台”办理，实现事务共办、数据共联、结果共享。

二是建立小微权力运行联督机制。建立小微权力运行监督系统，对村务决策进行全流程监管，对问题及时预警、处置，同时嵌入“监督一点通”，投诉事项一键直达中央纪委国家监委。建立评价反馈机制，对办理结果进行打分评论，不断发现问题、补齐短板。例如，2022年7月7日，墙头镇方家岙村计划将集体所有的1300平方米农家客栈对外招租，该事项作为村集体事项提交至“象山村民说事”线上应用系统，村党支部书记召开村“两委”班子会议研究后，将结果在线推送至县“三资”管理平台报备审核；审核通过后，村党支部书记提议由村集体组织召开村民代表会议表决。7月9日，该村组织召开线上线下相结合的村民代表会议，对招租价格、年限等事宜，采用“现场投票+线上投票”相结合的方式进行表决，通过后自动生成会议记录、会议视频等，并同步备案至县小微权力监督平台，同时推送至县农村产权交易平台。7月11日，县农村产权交易平台根据文档记录形成交易公告并上架公示7天。7月19日，通过8轮拍卖竞价，该农家客栈以每年17万元的价格成交，村集体经济实现增收85万元。村民可登录网站在线查看拍卖过程，交易结果公示在“象山村民说事”线上应用系统，村民可在线进行满意度测评，形成了村民智治的闭环。

三是强化联评考核结果应用。将线上“村民说事”评测结果纳入乡镇年度乡村振兴目标责任制考核内容和清廉村庄绩效评价体系，考核结果作为下一年度镇、村两级涉农项目资金安排的重要依据，对不合格村实行县级项目立项“一票否决”，并由县纪委监委会同县财政局、项目工程涉及职能部门联合把关。2021 年，全县有 7 个村因为小微权力制度执行不到位和“村民说事”评测结果不合格，列入向部门通报名单，6 个政府财政奖补项目暂缓实施。

点评

浙江省象山县在数字乡村探索过程中，紧跟村民需求，着力解决基层说事议事难点、痛点，针对现有“村民说事”制度中的短板，坚持问题导向、需求导向，创新推出“线上 + 线下”模式，推动“说议办评”数字化升级、全闭环运行。数字乡村建设，关键在于将数字优势真正转化为治理优势。象山县畅通村民参事议事、村务决策、事务办理渠道，并通过数字化改革建立分级问题处理机制、小微权力运行联督机制和强化联评考核结果应用，畅通群众议事协商渠道。象山县的做法为各地探索乡村善治之路提供了样本。

重庆花田：构建四种机制走好乡村治理“数字路”

导读

重庆市酉阳土家族苗族自治县花田乡以科技赋能乡村治理。一是构建“沟通机制”，让村民互信形成合力；二是构建“关爱机制”，让空巢老人老有所养；三是构建“管理机制”，让乡村事务干群共商；四是构建“服务机制”，让生产经营科学发展；五是推动“全域联动”，让乡村治理智能高效。花田乡充分激发群众内生动力，真正让群众成为乡村治理的主体，实现党组织领导下的自治、法治、德治相结合。花田乡以数字化推进多元共治，推动乡村治理能力和水平显著提升，谱写了乡村治理的新篇章。

花田乡地处重庆市酉阳土家族苗族自治县县城以北。2020 年以来，花田乡从建设全域数字乡村入手，相继推出空巢老人智慧看护系统、村庄雪亮工程、智慧便利店、何家岩云稻米智慧认养项目，以科技赋能乡村治理，激发乡村治理活力，提升群众的生产生活水平，形成干群一心、共谋发展的和谐局面。

一 构建“沟通机制”，让村民互信形成合力

一是创新沟通方式。以新时代文明实践活动为载体，组建乡村文

明宣讲队，坚持线上线下相结合，通过 QQ 群、微信群、公众号、抖音、快手等平台，展板、专栏、标语等载体，以及火铺会、院坝会等群众喜闻乐见的方式，广泛开展洁美人家、和谐家庭、好婆婆、好儿媳、新乡贤评选活动，全乡上下形成“文明遍山村、微信传乡情、视频话发展、评比促动力、新乡贤助治理”的生动局面。

二是构建村民沟通的有效机制。通过数字化平台实现在家村民“实时沟通”、在外村民“定时沟通”，推动信息共享、资源共享，使农村空心化、人口老龄化带来的信息传递问题得到有效解决，让“大事共办、村务共商、民事民办”真正落到实处。

二 构建“关爱机制”，让空巢老人老有所养

一是视频看护保安全。为空巢老人家庭安装视频看护设施，定制 24 小时无活动轨迹预警功能，实现亲情通话、远程视频、广播提醒、一键呼救、预警提示等功能整合，让外出子女的关爱全天候在线、村“两委”的看护全天候不间断。

二是健康手环保健康。为空巢老人佩戴健康手环，与乡卫生院建立大数据连接，由乡卫生院对空巢老人的血压、血糖、心律等健康状况统一进行后台数据采集，开发摔倒呼救、异常指标提示等特别功能，对空巢老人的健康状况和安全状况实行全天候监护。空巢老人若存在紧急性、突发性健康问题，医护人员及时上门诊断处理。

三是网格管理保舒心。按照就近就地原则，以村民小组为单元划分网格，有针对性地选择 67 名有爱心、善料理的群众，组建乡村振兴空巢老人互助队，实行一天一上门、三天一料理的工作措施，及时、就近扶助，解决空巢老人缺乏照料的问题。

三 构建“管理机制”，让乡村事务干群共商

一是建设政务公开线上平台。花田乡建成1个数字乡村平台，及时发布相应的惠民政策，让群众知道“该知道”和“想知道”的信息。“村务怎么样，网上就能看”，满足了外出务工村民对村务信息的知晓需求，推动“互联网＋社区”向农村延伸，提高村级综合服务信息化水平。

二是建设远程看家系统。“天翼看家”实现“千里看家”，让外出务工村民实时查看家中情况，了解家乡发展变化，实现“日不关门、夜不闭户”，通过网络慰藉乡愁。

三是建设群众信息反馈系统。让群众将生活琐事、邻里纠纷、诉求困难等直接通过客户端向后台反映，后台信息处理员启动服务和处置机制。同时，设置“一键报警”“我要办事”“应急指挥”等功能，打通乡村居民信息服务“最后一公里”。

四是建立积分兑换管理机制。把环境卫生、乡村治理融合起来，建立村级新时代文明实践站积分兑换超市，用量化积分兑换生活用品。群众家庭和睦、打扫环境卫生、参加团体活动等，都可获得文明实践积分，让群众的行为习惯、良好家风等成为被认可、被支持、被传递的社会正气。

四 构建“服务机制”，让生产经营科学发展

一是建设智慧农业可视化数字平台。数字平台具有多种基于现代农业的精细化管控应用系统，如土壤墒情监测、水质监测、气象监测、病虫害监测、农产品溯源、植保无人机等，用更专业的方式进行管理，满足未来农业发展要求。

二是建设完善智慧农业服务设施。建设 2 个农业小型气象站，安装土壤墒情监测仪、水质监测仪、虫情监测一体机、田间大屏，配置无人机。鉴于花田乡梯田和贡米的特殊价值，安装 30 个国标摄像头进行田间监控，并接入智能视频云平台，为何家岩云稻米智慧认养项目的推进打下基础，从硬件上为智慧农业提供保障，为科学务农提供数字化支持。

五 推动“全域联动”，让乡村治理智能高效

一是坚持党建引领。打造“1921”党建品牌，即突出壮大村集体经济“一个重点”，健全支部统揽、党员示范、市场培育、能人回引、技能提升、群众参与、数字助力、利益联结、帮扶联动“九大机制”，破解政府干群众看、有资源他人赚“两大难题”，实现共同富裕“一个目标”，把数字乡村建设纳入党建工作“整乡推进、整县提升”示范创建重要内容，把是否抓好社会治理纳入基层党建品牌“三亮一争”（共产党员户户挂牌亮身份、基层党支部个个谋事亮承诺、集体经济村村考核亮实绩，乡村振兴人人举旗争先进）的重要考核内容。开展“三回三讲三干”，引导农村人才回户籍地、回工作地、回感情地创业，组织党员干部讲模式、讲市场、讲未来，实现党员带领干、能人带头干、群众跟着干。

二是坚持共建共治共享。群众的积极支持和广泛参与是推进工作的基础，花田乡以宣传发动为抓手，调动群众参与的积极性，让所有群众都“热”起来、动起来、干起来，充分发挥农民主体作用，群策群力提升治理水平。在宣传发动群众的基础上，广泛开展应急急救、老人健康监测手环操作等培训，提升群众参与质量。依法依规制定完善系列村规民约，让矛盾纠纷处理和群众日常行为有章可循，以正确的价值导向推进乡村治理；积极推进新时代文明实践活动，建立村民

议事会、红白理事会、道德评议会等各类群众组织；通过数字乡村推进乡村普法，健全乡村公共法律服务体系。

点评

在全面推进乡村振兴过程中，重庆市酉阳土家族苗族自治县花田乡紧跟时代步伐，将现代科学技术融入乡村治理中，构建起村民沟通、老人关爱、村务管理、生产服务 4 种机制。该乡以新时代文明实践活动为载体，组建乡村文明宣讲队，坚持线上线下相结合，通过 QQ 群、微信群、公众号、抖音、快手等平台，展板、专栏、标语等载体，以及火铺会、院坝会等群众喜闻乐见的方式，推进农村精神文明建设高质量发展。同时，花田乡还利用好科技产品，为空巢老人提供视频看护和健康手环监测，守护好他们的生命健康。在乡村治理过程中，如何利用好新载体新平台，关怀服务好群众，花田乡的实践有一定借鉴意义。

第7章 组织振兴引领乡村振兴

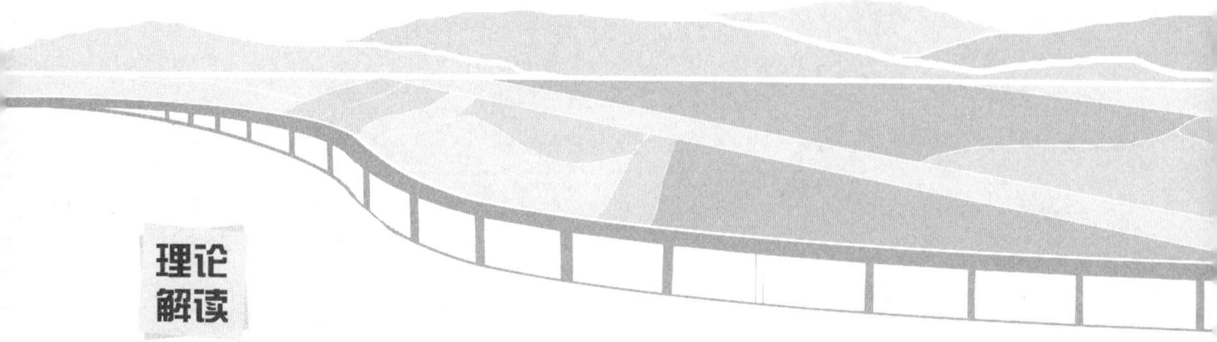

理论解读

习近平总书记指出："要推动乡村组织振兴，打造千千万万个坚强的农村基层党组织，培养千千万万名优秀的农村基层党组织书记，深化村民自治实践，发展农民合作经济组织，建立健全党委领导、政府负责、社会协同、公众参与、法治保障的现代乡村社会治理体制，确保乡村社会充满活力、安定有序。"① "农村基层党组织是党在农村全部工作和战斗力的基础。要健全村党组织领导的村级组织体系，把农村基层党组织建设成为有效实现党的领导的坚强战斗堡垒，把村级自治组织、集体经济组织、农民合作组织、各类社会组织等紧紧团结在党组织的周围，团结带领农民群众听党话、感党恩、跟党走。"② 乡村振兴的关键和根本在组织振兴，推进乡村振兴战略，务必将组织振兴这一保障性工程落到实处。当前，推进乡村组织振兴面临的突出问题主要是：乡村治理队伍力量薄弱、治理理念和方式滞后、制度缺失和执行力不足，不少地方还不同程度存在农村基层党组织弱化、虚化和边缘化现象。

本章的 5 个典型案例展示了各地推进乡村组织振兴的做法和形成的经验。案例 1《山西晋中："六抓六治"全面提升乡村治理水平》总结了山西省晋中市找准乡村治理切入点，形成"六抓六治"工作法，以乡村组织振兴推动乡村全面振兴。案例 2《江苏如东："融合党建"引领乡村治理》展示了江苏省南通市如东县将农村基层党组织建设与乡村治理的全领域、各环节融合，以组织融汇带动队

① 习近平：《论"三农"工作》，中央文献出版社，2022，第 269 页。
② 习近平：《加快建设农业强国　推进农业农村现代化》，《求是》2023 年第 6 期。

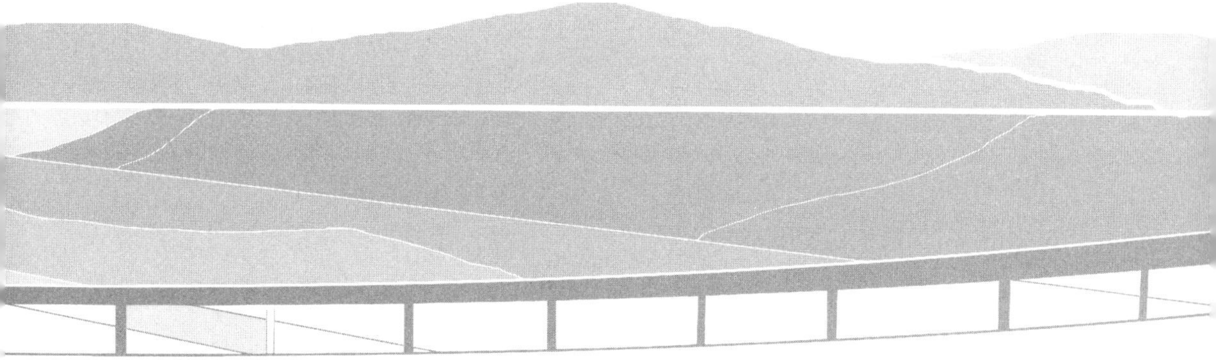

伍融合、服务融入、民心融通，强化了基层党组织领导作用，推动构建了党建引领、条块结合、上下协同、共治共享的乡村治理体系。案例 3《贵州卧龙：党群议事小组议出和美乡村》总结了贵州省安顺市关岭布依族苗族自治县新铺镇卧龙村以组织振兴引领乡村全面振兴的做法经验——探索构建了“群众事群众议、群众管和群众享”的乡村治理新模式，促进乡村振兴。案例 4《湖北恩施：驻村“尖刀班”激活乡村治理新动能》展示了湖北省恩施土家族苗族自治州以驻村“尖刀班”为乡村治理抓手，充分发挥村党组织引领带动作用，整合村级组织、农民群众、社会服务等各方力量，有效提升乡村治理能力，为乡村振兴提供了组织保障。案例 5《内蒙古黄海子：“135+ 让一步”创新乡村治理工作法》总结了内蒙古自治区鄂尔多斯市鄂托克前旗城川镇黄海子村探索形成的“135+ 让一步”乡村治理工作法，该工作法有力推动了村级组织规范化水平稳步提高、社会治理水平有效提升，夯实了乡村治理的社会基础、群众基础、精神基础和道德基础。

以上 5 个典型案例普遍的做法是：一是坚持和强化党对农村工作的全面领导，突出党建引领作用，建立健全党管农村工作的体制机制，全面提高农村基层党组织作为战斗堡垒的创造力、凝聚力和战斗力。二是积极探索创新党建工作的方法和形式，利用党群议事小组、网格化管理、驻村“尖刀班”等新型制度机制，建立科学合理、行之有效的组织保障体系，不断提升乡村治理体系和治理能力现代化水平。三是在具体落实上注重创新运用“党建 +”，组建党建联盟，把党建融入乡村振兴全领域，推动党建工作高质量发展，促进基层党建与乡村振兴深度融合。

这些类案例给人们带来的启示是：第一，乡村组织振兴关键在人、关键在干，要紧紧围绕“懂农业、爱农村、爱农民”的基本标准和要求，打造一支政治过硬、本领过硬、作风过硬的乡村振兴人才队伍。第二，要正确认识和理解党建引领乡村振兴的深刻内涵，乡村振兴不是只有党建工作，党建引领也不等同于“组织包办、党员包干”，加强农村基层组织建设的重要意义不局限于自身能力提升和先进性体现，还包括密切党群联系，增强推进乡村振兴的合力。

学习借鉴这些案例的做法和经验时，一方面要立足本地客观实际，在广泛调研的基础上，明确自身在乡村组织振兴方面存在的短板问题及其原因；另一方面要深度剖析典型案例，把握工作思路，找准本地在组织建设上的共同性和差异性问题，从而研判出可复制推广的举措。

山西晋中："六抓六治"全面提升乡村治理水平

导读

山西省晋中市找准乡村治理切入点，以党建为引领，实施"六抓六治"工作法抓队伍建设，实现乡村"有人治理"；抓组织体系，实现乡村"有序治理"；抓能力提升，实现乡村"有招治理"；抓集体经济，实现乡村"有力治理"；抓网格党建，实现乡村"有效治理"；抓制度执行，实现乡村"有章治理"。"六抓六治"工作法，系统提升了乡村治理的能力和水平，为全面推进乡村振兴提供了坚强有力的保障。

晋中市位于山西省中部，全市有党的基层组织约 1.1 万个，党员约 23 万名。近年来，晋中市坚持条抓块统、守正创新，以党建为引领，以"六抓六治"为抓手，切实解决乡村治理中存在的突出问题，加快推进乡村治理体系和治理能力现代化，为全面推进乡村振兴提供坚强有力的保障。

一 抓队伍建设，从源头上解决乡村"无人治理"的问题

晋中市紧紧抓住直接承担乡村治理职责的乡镇干部队伍、乡镇综合行政执法队伍、农村干部队伍、农村党员队伍、网格员队伍等治理

力量，坚持选优建强管严、关心关怀激励的原则，建设充满活力的乡村治理骨干队伍，实现从“无人治理”到“有人治理”转变。

加强乡镇干部队伍建设。选优乡镇党政正职，配强乡镇领导班子，充实乡镇工作力量，落实乡镇干部报酬待遇，保证乡镇干部队伍稳定。

建强乡镇综合行政执法队伍。完善乡镇行政执法体制机制，组建综合行政执法队伍，厘清乡镇行政执法职责，落实“一支队伍管执法”要求。

加强农村干部队伍建设。选优配强村党组织书记及“两委”班子，严格落实村党组织书记县级备案和星级化管理制度，落实村干部报酬待遇，实施“一村一名大学生”计划，选准派强乡村振兴驻村第一书记和乡村振兴驻村工作队，强化村级管理力量。

加强农村党员队伍建设。切实做好党员发展工作，全面推行党员承诺、亮诺、践诺、评诺和无职党员设岗定责活动，探索开展党员积分制管理，发挥党员先锋模范作用。

加强网格员队伍建设。整合农村现有各类专项工作人员，建强专、兼职网格员队伍，明确网格员职责任务，落实网格员报酬待遇，发挥网格员在乡村治理中的基础作用。

二 抓组织体系，从根本上解决乡村“无序治理”的问题

晋中市紧紧抓住农村基层党组织这个战斗堡垒，进一步深化党组织规范化、标准化建设，积极构建党组织领导下的自治、法治、德治相结合的乡村治理体系，实现从“无序治理”到“有序治理”转变。

持续加强党组织基本队伍、基本阵地、基本活动、基本制度、基本保障建设。全面建强村党组织战斗堡垒，创建党员教育、党群服务、产业发展、平安法治、乡风文明等 5 个中心。

加大“强村带弱村、富村带穷村、大村带小村”的“联村党组织”

设置力度。大力推动城乡党组织联建，探索成立党建联盟。构建上下贯通执行的有力组织体系。

建立定期分析研判工作机制。每年确定一批软弱涣散村、集体经济薄弱村、社会治理重点村，落实针对性帮扶举措，推动实现转化提升。

三 抓能力提升，从深层次上解决乡村“无招治理”的问题

晋中市紧紧抓住乡村治理能力提升这一关键，强化乡村治理骨干队伍的思想淬炼、政治历练、实践锻炼、专业训练，提高其做群众思想工作的能力、应急处理能力，实现从“无招治理”到“有招治理”转变。

着力构建“市级示范训、县级重点训、乡镇兜底训、支部跟进学”培训体系，实现培训常态化，确保培训全覆盖。按照“分块精准学、实训基地学、剖析案例学、导师帮带学、线上自主学”联动要求，开展乡村治理专题培训，推动基层“看与做”互促、“学与用”统一。

持续开展农村干部学历提升工程。推动符合条件的村“两委”干部、后备干部等入读大专学历班，不断提升农村干部素质和能力。组织乡、村两级干部揭榜领办专项行动重点工作项目，晒业绩、比作为，让乡村干部登台亮相，倒逼责任落实。

四 抓集体经济，从经济基础上解决乡村“无力治理”的问题

晋中市紧紧抓住发展壮大村级集体经济这一乡村治理重要支撑，强化政策支持、资金扶持、制度约束，管好、用活农村“三资”，探索发展壮大村级集体经济路径，实现从“无力治理”到“有力治理”转变。

鼓励村级集体经济组织入股农民专业合作社、农业龙头企业及其他工商企业，实现村集体资产保值增值。市、县两级财政每年安排专项资金择优扶持集体经济重点项目。县级设立资金用于集体经济项目启动，对相关涉农项目给予一定补偿，拿出专项资金提供低息信用贷款。集中对农村集体资源、资产、资金管理使用情况和合同债务等再清底，债务纠纷再化解，新增费用再收缴。

建立能够解决的问题和一时难以解决的问题“两本台账”，对合同债务分类处置。对符合标准的村级集体经济项目分级纳入市、县“项目库”，按照储备一批、实施一批、投产一批（“三个一批”）原则，动态管理，重点扶持。每个乡镇每年至少领办1个村级集体经济示范项目。组织引导实力较强的国有企业、民营企业积极参与“三个一批”项目建设，鼓励科研院所等单位专业技术人员下乡领办、创办农村经济组织。

五 抓网格党建，从方法上解决乡村“无效治理”的问题

晋中市紧紧抓住党建引领网格化治理这一重点，优化网格设置，健全网格管理党组织体系，明晰网格职责，实现“大事全网推动，小事格内解决，难事提级处置，问题就地消除”，实现从“无效治理”到“有效治理”的转变。

坚持“管得住、无缝隙、全覆盖”原则。结合地域、人口、风险隐患问题等，因地制宜，科学合理划细划小网格，构建“乡镇党委—村党支部（总支、党委）—网格党小组（党支部）—党员联系（中心）户”的网格党组织体系，组织网格员做好基础信息采集、村情民意收集、政策法规宣传、安全隐患排查、矛盾纠纷化解、特殊人群服务管理、公共服务代办等工作。

建立巡查走访、为民代办服务、定期例会、“吹哨派单”联动、问题解决闭环管理机制。实现情况底数清晰、风险隐患清底、防化责任

清楚、问题就地清零。积极开展党代表“入网格、听民声、解民忧”活动，倾听群众呼声、受理群众诉求。

六 抓制度执行，从机制上解决乡村“无章治理”的问题

晋中市紧紧抓住严格制度执行这一乡村治理重要保障，坚持完善制度、有章可循、有章必循、违章必处的原则，推动乡村治理制度化、规范化、科学化，实现从“无章治理”到“有章治理”转变。

一是建立问题清单制度。制定乡、村两级职责清单、任务清单，乡、村两级干部岗位职责清单、任务清单，村干部履职行为负面清单等 9 个清单，做到“一单尽列、单外无责”。严格执行各项党内法规和政策规定，持续巩固“四议两公开”（村党组织提议、村“两委”会商议、党员大会审议、村民代表会议或村民会议决议，决议公开、实施结果公开）民主决策、村务监督委员会月例会、村级事务代办等制度机制。

二是建立乡村治理举报奖励机制，加大组织监督和群众监督力度。通过“四不两直”“飞行检查”，以及“一周一提醒、半月一调度、月底一通报”，持续传导压力，压实各级党组织特别是“一把手”抓制度执行的工作责任。

点评

山西省晋中市将党管农村工作要求贯穿到乡村治理体系建设全过程，充分发挥农村基层党组织在发展引领、人才培育、乡风塑造、生态维护等诸多方面的主力军作用，以党建引领基层乡村治理，以“六抓六治”全面提升乡村治理能力。以党建引领乡村治理，要不断培养乡村治理的能手。在以党建引领基层治理的过程中，晋中市将干部队伍塑造摆在首位，加强乡镇干部队伍、乡镇综合行政执法队伍、农村干部队伍、农村党员队伍、网格员队伍等 5 支基层队伍建设，实现了从“无人治理”到“有人治理”的转变，为新时代乡村发展提供了很多治理能手，具有一定借鉴意义。

江苏如东："融合党建"引领乡村治理

导读

江苏省南通市如东县将农村基层党组织建设与乡村治理的全领域、各环节融合。首先，探索跨行业、跨地域、跨产业党组织联建共建，推动各类党组织深度互动，汇聚共建共治共享合力。其次，把队伍建设作为乡村治理的关键支撑，抓实农村干部队伍、在职党员队伍、网格员队伍建设，着力打造"多员合一"的乡村治理骨干队伍。再次，注重从服务入手抓治理，创新"四式四定"便民服务模式，以细"治"入微服务提升群众幸福指数、满意指数。最后，突出发挥基层党组织功能，探索教育引领群众机制，坚持在教育引领中聚民心、暖民心、育民心，畅通党心连民心渠道。通过组织融汇、队伍融合、服务融入、民心融通，强化基层党组织领导作用，凝聚基层党员群众，汇聚治理资源，推动构建党建引领、条块结合、上下协同、共治共享的乡村治理体系。

江苏省南通市如东县地处南黄海之滨、长江入海口北翼。近年来，如东县聚焦党建引领乡村治理，创新"融合党建"模式，将党的政治优势、组织优势转化为乡村治理优势，初步构建起共建共治共享的乡村治理新格局。

一 “组织融汇”凝聚乡村治理“强合力”

一是推行区域化共建融合。组织全县25个社区党组织与驻区单位、社会组织、新兴领域党组织成立“联合大党委”，通过签订共建协议、加强日常联系、召开联席会议、吸纳驻区单位党组织负责人担任兼职委员等形式，推动区域内大事难事要事共商共建、共享共治，形成街道“大工委”、社区“大党委”工作制。

二是推行互融式“两网融合”。构建“两网融合”管理体系，以村居合并前的自然村为基础，一般1个自然村为1个网格，坚持“网格建到哪里，党组织就覆盖到哪里”，完善“村（社区）党组织—网格党支部—微网格党小组—党员中心户”组织链条，推动党建网格与治理网格在组织架构和区域布局上无缝对接、全面融合。

三是推行联合式抱团融合。聚焦中心任务和重点工作，整合辖区内党建优势资源，创新党组织设置方式和党建工作嵌入形式，采取“企业＋村居”“机关＋村居”“社区＋农村”“园区＋企业＋村居”等形式建立党建联合体，通过组织共建、活动共办、资源共享、难题共解等多种形式，实现优势互补、抱团发展。近年来，全县共组建联合式党建联合体220余个，衍生治理链、服务链、产业链近千条。

二 以“队伍融合”为支撑，锻造乡村治理“主力军”

一是突出“三化协同”。以村“两委”换届为契机，选优配强引领能力强、带富能力强的“双强”书记，围绕“选、育、管、用”全链条，统筹推进村书记专业化、新经济组织和新社会组织党务工作者专业化，全面提升农村党组织带头人队伍整体素质，培养造就一支质量优良、引领乡村治理的“头雁”队伍。

二是深化“双向培养”。将网格员队伍建设与村干部队伍建设相结合，创新“1+1+N”模式，每个综合网格由 1 名村“两委”干部担任网格长（其中党员干部同时兼任网格党支部书记），配备 1 名专职网格员，根据微网格数量配备 N 名微网格员，并推动驻区单位有关人员、党员志愿者和热心村民等“进”网格，增加网格力量，有效激发网格员内生动力。将优秀网格员作为村干部后备力量，截至 2022 年已累计将 25 名网格员吸纳到村干部队伍中。

三是实施“双亮行动”。推行“双向介入、交叉任职”和在职党员、流动党员报到机制，全县 520 多名驻区单位、共建单位党组织负责人担任兼职“大党委”委员，2 万余名在职党员、流动党员到村级党群服务中心“亮身份”，充实治理力量。开展“双承诺双报到”行动，引导党员主动在新冠疫情防控、环境整治、矛盾协调、文明创建等工作中“亮承诺”。

三 以“服务融入”为抓手，提升乡村治理“满意度”

一是“一站式”定点服务。围绕群众日益增长的公共服务需求，全县规范化建设 245 个村级党群服务中心和四大园区党群服务中心，统一设置“一站式”服务窗口，建立健全首问责任、接待登记、限时办结、信息公开、坐班值班等制度，常态化为党员群众提供党建、产业、综治、便民等各项服务，做到“一站式”受理、“定点式”服务。近年来，全县村级党群服务中心满意率持续保持在 98.42% 以上。

二是“代理式”定人服务。根据在职党员的居住地、工作地、产业链或个人意愿，划分“党员代理责任区”，采取“一对一”“一对多”等方式实现包干到户。精心设计“代理服务卡”，广泛告知群众代理人的姓名、联系电话以及代理事项，随时接受代理咨询和服务监督。截至2022年，发放“代理服务卡”12万张，代理代办群众事项1.28万件。

三是“菜单式”定题服务。瞄准群众需求端，以供给侧思维为群众提供“订单化”服务，系统梳理出5类48项群众基本服务需求，精准设计“服务清单”，多形式公示“菜单”内容。开通“点单热线”，建立“群众点单、村居交单、党员接单”服务模式，依托村居党群服务中心，以“派单”方式，及时为群众提供高效服务。截至2022年，累计“派单”4600多件，服务群众5万多人次。

四是“主题式”定时服务。紧扣村居工作周期性特点和基层群众季节性需求，依据镇（开发区、街道）、村居月度重点工作安排，围绕“春耕夏种秋收冬藏、假期留守儿童关爱、伏季休渔转产培训、重阳佳节敬老爱老”等内容，按月确定服务专题，统筹考虑村居干部、党员志愿者与服务主题的关联程度，合理调配、科学分组，适时、定时、准时为群众提供相应服务。

八 以“民心融通”为根本，夯实乡村治理“基本盘”

一是以“四大平台”聚民心。打造理论课堂、草根讲堂、文艺礼堂、网络课堂“四大平台”，开展“送党课到基层”理论宣讲1200多场次，组织“百姓宣讲团”宣讲近300场次，组织“文艺惠民百村行”活动演出1500多场次，用党的创新理论和价值体系教育引导群众，引导广大群众与党同心同向、同心同行。

二是以“三类典型”育民心。及时发现、大力宣传身边群众、党员、基层干部三类典型“事迹”。截至2022年，已有24人（群体）荣登中国好人榜、1人获评全国道德模范提名奖、3人获评省道德模范、3人获评省百名示范村书记，举办“榜样如东”事迹报告会450场次，举办“人民群众是真正的英雄”围垦精神主题报告会1500场次，用先进人物、先进事例积极引导群众。

三是以“三项机制”暖民心。坚持从群众中来、到群众中去，建立健全社情疏导、民主协商、诉求回应“三项机制”。截至 2022 年，累计收集社情民意 3 万余件，涉及群众利益重大事项 5048 件，解决基层群众关注的热点、难点、焦点问题 2.1 万多条，化解各类疑难矛盾纠纷 7410 件，在急难愁盼问题中提升服务群众水平。

点评

江苏省南通市如东县将农村基层党组织建设与乡村治理的全领域、各环节融合，紧扣乡村治理基本任务，打造乡村治理新格局。在建立一支坚强有力的基层党员队伍后，紧抓服务融入和民心通融，创新“四式四定”便民服务模式，以细“治”入微服务提升群众幸福指数、满意指数。探索教育引领群众机制，坚持在教育引领中聚民心、暖民心、育民心，畅通党心连民心渠道，将党的政治优势、组织优势转化为乡村治理优势，初步构建起共建共治共享的乡村治理新格局。

贵州卧龙：党群议事小组议出和美乡村

导读

贵州省安顺市关岭布依族苗族自治县新铺镇卧龙村从“谁来议”“议什么”“怎么议”“如何管”4个方面入手，向群众问计问效，探索“群众事群众议、群众管和群众享”的乡村治理模式，打破村级事务“干部干、群众看”局面，有效提升乡村治理效能，有力促进了卧龙村村风村貌、乡风寨风明显转变，打造美丽宜居乡村的关岭样板。

卧龙村位于关岭布依族苗族县西南部，共有19个自然寨、21个村民小组。近年来，卧龙村探索建立党群议事小组机制，打破了村级事务“干部干、群众看”的“单打独斗”局面，探索出“群众事群众议、群众管和群众享”的乡村治理模式。在党群议事小组的带领下，村民掀起建设美丽宜居乡村热潮，并取得明显成效。一是乡村环境“美起来”了。各家各户严格落实“门前三包”责任制、“四清两改四严禁”等，主动出工出资金，对房前屋后及室内卫生进行整治。村民从以前的“不管不问、叉腰看”到现在的“自主设计、共创美景”，实现乡村净化、美化。二是文明乡风“立起来”了。发挥宣传引导“聚人心”的作用，主动上门宣传“红事不超2天、白事不超5天和严禁滥办酒席”等新风尚，全村滥办酒席现象得到有效治理，“大操大办、相互攀比”变为“厉行节约、简易办理”，改变寨子不良风气，推进移风易俗。三是邻里关系“好起来”了。开展“十联户”建设，党群议事小组成员担任联户长，自行认领包保 10 户左右村民组成联户网格。包保村民如发生矛盾纠纷，联户长在开展村民思想工作的同时，还发动其他村民热心调解，促进矛盾纠纷化解，推动邻里和谐。四是村民腰包“鼓起来”了。2022 年，党群议事小组以巩固提升脱贫攻坚成果、推动产业发展为重心，召开村民小组会议研究引进何首乌套种项目，争取群众支持，并组织外出参观学习先进种植技术；主动发动群众投工投劳投资，安装太阳能路灯 10 余盏，为 5 个自然寨铺设排污管道，修建文化活动中心、机耕道、公共场所等 6 处；主动规划种植蜂糖李 3000 余亩、何首乌 2000 余亩、皇竹草 3000 余亩，养殖关岭牛 680 多头。

一 围绕“谁来议”，建立组织构架

一是召开群众会议“选”。以村民小组（自然寨）为单位召开群众会议，按照“3 至 7 人为 1 组”的原则，推选出威望高、责任心强、热心公益事业的村民加入党群议事小组。

二是村党支部引导“进”。鼓励党员积极加入党群议事小组，争取每个党群议事小组中至少有 1 名党员，充分发挥党员的示范带头作用。

三是依托现有制度“推”。依托“一中心一张网十联户”机制、村民小组长联席制度、乡村振兴顾问团工作机制等，优先将党小组组长、网格长、村民小组长、乡村振兴顾问团成员推荐为党群议事小组组长、副组长。

二 聚焦“议什么”，明确职责范围

一是宣传引导“聚人心”。村党组织统一制定《党群议事小组主要职责》，明确党群议事小组具有政策宣传、建议推荐、商议决定、督促管理等职能，负责宣传乡村振兴战略、“三农”政策、美丽宜居乡村建设等中心工作以及村“两委”决定事项。

二是议事决策“解难题”。党群议事小组组织村民参与制定村规民约，商议本组经济建设、资产管理、精神文化、公共服务等重要事项；及时向村“两委”反映关系本组村民切身利益的热点、难点问题，向村民委员会推荐上报本组低保户、五保户等困难群众建议名单。

三是互相督促“促治理”。党群议事小组充分发挥“身边人带动身边人”优势，将环境卫生、滥办酒席、燃放烟花爆竹、矛盾纠纷化解纳入重点治理范围，通过带头示范、监督提醒、参与整改，促进提升治理效能。

三 着眼“怎么议”，规范议事流程

一是强化联系服务。建立驻村干部、村干部包组管理联系服务机制，畅通信息沟通和问题反馈渠道，定期邀请党群议事小组成员参加村“两委”重要会议，了解和掌握村级发展动态和阶段性工作任务，确保党群议事小组工作紧跟方向、紧贴重心。

二是细化议事流程。由党群议事小组组长提出议题，成员共同讨论商议，形成具有操作性、可行性的建议并反馈给村“两委”。建立“通报 + 反馈 + 评分”工作机制，将违反村规民约的情况在本组范围内公开通报，限期整改后再打分评定是否撤销通报。

三是搭建议事平台。建立“议事小屋”，配置办公桌椅、饮水机等设备，确保议事有场所、有阵地。建立全村党群议事小组组长微信群，强化党群议事小组之间的信息交流沟通，推动经验互学互鉴。

四 紧盯“如何管”，强化结果运用

一是与村规民约黑名单“挂钩”。对环境卫生脏乱差、滥办酒席等现象进行通报，将拒不整改的村民以户为单位纳入村规民约“黑名单”管理，管理期限为 3 个月，期满后召开党群议事小组会议决定是否予以退出。

二是与后备干部培养“挂钩”。建立激励机制，将党群议事小组中思路清、能力强、表现好的成员作为农村党员发展对象、村级后备干部重点培养，激发党群议事小组内生动力。

三是与政策落实倾斜“挂钩”。定期组织开展评比活动，采取党群议事小组间相互交叉检查、测评打分的方式进行评比，适当给予奖金奖励。对排名靠前的党群议事小组所在村民小组，优先落地实施产业项目，推动形成自我管理、自我服务、自我提升的乡村治理新格局。

点评

贵州省关岭布依族苗族自治县新铺镇卧龙村充分发挥党群议事小组参与乡村治理作用，搭建起议事党群小组组织框架，发挥好党群议事小组内党员干部带头作用，聚焦村内热点、难点问题，打破村级事务“干部干、群众看”的“单打独斗”局面，探索出“群众事群众议、群众管和群众享”的乡村治理模式。党群议事小组将基层组织框架进一步完善细化，让每位村民切身参与到村务治理过程当中，充分调动村民参与乡村治理的责任心和积极性。这是提升乡村治理水平的积极探索，其基层治理方式具有一定借鉴意义。

湖北恩施：驻村“尖刀班”激活乡村治理新动能

导读

湖北省恩施土家族苗族自治州坚持问题导向、效果导向，以驻村“尖刀班”为乡村治理抓手，充分发挥村党组织引领带动作用，整合村级组织、农民群众、社会服务等各方力量，强化“三方联动”“三治融合”“三力齐发”的“3 个三”模式，从治理主体、治理方式、治理对象上破题，探索乡村治理新做法，针对性破解乡村治理难点、堵点问题，有效提升乡村治理能力，有效探索了持续提升乡村治理水平的路径。

湖北省恩施土家族苗族自治州地处武陵山腹地，是革命老区、三峡库区。近年来，恩施聚力乡村振兴重点任务，牢牢把握驻村工作队这支关键队伍，选优配强驻村第一书记和驻村工作队队员，严格驻村工作队“三在村”工作要求，累计向 2118 个村（社区）选派 6110 名驻村干部（含中央、省派驻村干部），其中第一书记 2060 人，并将村“两委”、驻村工作队和包村干部整合为驻村“尖刀班”，明确责任体系，强化队伍建设，丰富工作内容，催生乡村治理新动能，乡村治理工作初见成效。一是治理力量由弱到强。驻村“尖刀班”牢固树立“一盘棋”思维，推动加强村“两委”班子建设、担当作为，帮助培育后备力量，发展年轻党员，吸引各类人才，乡村治理力量不断加强、队伍不断壮大，实现由原来的单一村级组织向以驻村“尖刀班”为中心、各方力量协同转变，农村基层党组织政治领导力、经济引导力、服务向心力进一步提升。二是治理效能由粗到精。驻村“尖刀班”把群众认可作为最高标准，推动规范村务运行，积极探索数字乡村发展模式，推进乡村治理网格化、信息化、数字化管理，提升善治水平，推动治理从“粗放式”转变为“精细化”。三是治理模式由单到融。驻村“尖刀班”统筹搭建平台，整合组织、宣传、民政、司法等部门资源，以各类“有形”“有趣”“有效”的活动为载体，实现治理模式由单一、分散向统筹、融合发展，村民参与村级事务的积极性提高，村干部接受监督的意识增强，干群关系明显改善。

一 坚持“三方联动”，建强基层组织体系

一是坚持一个引领。把乡村治理同基层党建结合起来，发挥基层党组织协调各方的作用，着力推动农村网格化管理，全面建强“乡镇党委—村党组织—村民小组（网格）—党员中心户”四级组织体系。

二是落实四级责任。建立州领导包县、县领导包乡、乡领导和驻村单位“一把手”包村、“尖刀班”干部包组包户的责任体系，帮助发现、分析研判、推动解决问题。

三是吸引 N 方参与。全面动员民营企业、社会组织、公民个人等社会各界深度参与，整合新乡贤、企业家、志愿者等多方力量合力推动乡村发展。“易满成工作室”“钟大姐工作室”“连芳工作室”等多个以个人名字命名的矛盾纠纷调解工作室如雨后春笋般涌现。

二 坚持“三治融合”，推进多元治理模式

一是以“自治”为基。大力推行积分制、清单制工作模式。106

个村级组织开展积分制管理试点，建立村级“红黑榜”，开设积分超市，动态展示每户积分，有效激发村民参与乡村治理的积极性；建立村级办事事项清单制，明确责任清单、任务清单和活动清单，推动小微权力在阳光下运行。

二是以“德治”为先。以村规民约、红白理事会为抓手，依托家风家教助廉基地，开设“法德大讲堂”，设置“清廉图书角”，增强道德辐射带动作用；以“最美家庭”评选、十星级文明户评选、见义勇为表彰奖励等活动为载体，营造人人点赞榜样、人人争当榜样的向上向善风气，建成全国文明村镇 22 个、省级文明村镇 90 个。

三是以“法治”为本。按照“重心再下移，加强村一级”的思路，推进执法人员下沉一线，开展“千场宣讲”活动，建设村级综治工作中心，落实“一村一（辅）警”“一村一法律顾问”，创新发展新时代“枫桥经验”，建立诉调对接、警情推送制度，打造多元化、合成式的矛盾纠纷排查、化解工作体系，建成全国民主法治示范村 13 个。

三 坚持“三力齐发”，夯实乡村治理保障

一是在后勤保障上发力。严格落实村级组织运转经费保障，按照村主职每年报酬不低于 4 万元、村副职报酬不低于主职的 70%、村办公经费不低于 2 万元、村级事务必要支出经费不低于 5 万元的标准全面提升村级工作保障。

二是在能力提升上发力。每年按照“州级示范、县级覆盖”的原则，对驻村工作队队员、村“两委”干部、乡镇干部、换届后新任领导干部实行全员轮训。通过“走出去学、引进来教”的方式，推动思想破冰。以武汉市对口帮扶为契机，选派 20 名乡镇（街道）党（工）委书记和 339 名村（社区）党组织书记赴武汉市先进乡村跟班学习，委托浙江大学等高等院校开展理论提升集中培训。开展“书记论坛”活动，

通过集中研讨统筹“看典型、学理论、讲经验、议方法、对标做”，有力推动基层党组织书记解放思想、更新观念。

三是在资金投入上发力。建立完善财政涉农资金统筹整合机制，按照“大类间统筹、大类内打通”的原则，实行跨部门、跨年度、跨层级统筹，为巩固拓展脱贫攻坚成果同乡村振兴有效衔接提供强有力的资金保障。同时，积极拓宽农村融资渠道，引导金融资本向农村有序流动。

点评

驻村帮扶是巩固拓展脱贫攻坚成果、全面推进乡村振兴的一项重要制度安排。湖北省恩施土家族苗族自治州聚力全面推进乡村振兴重点任务，牢牢把握驻村工作队这支关键队伍，选优配强驻村第一书记和驻村工作队队员，将村“两委”、驻村工作队和包村干部整合为驻村“尖刀班”，明确责任体系，强化队伍建设，丰富工作内容，实现治理能力由弱到强、治理效能由粗到精、治理模式由单到融转变。尤其是在驻村“尖刀班”的选派配置上，广纳人才，多方参与，把驻村干部和村干部拧成一股绳，打造出强有力的一线执行团队，形成“三方联动”纵向到底的治理体系。该做法对于提升乡村治理水平、完善乡村治理体系有一定借鉴意义。

内蒙古黄海子：“135+ 让一步”创新乡村治理工作法

导读

内蒙古自治区鄂尔多斯市鄂托克前旗城川镇黄海子村以建立社会矛盾疏导和利益协调机制为突破口，按照“强化基层、化解矛盾、改善民生、共建和谐”的总体要求，以强化基层基础工作为立足点，运用“135+ 让一步”乡村治理工作法，推动村级组织规范化水平稳步提高，全村矛盾化解工作持续向好，社会治理水平有效提升，夯实了乡村治理的社会基础、群众基础、精神基础和道德基础。

黄海子村位于内蒙古自治区鄂托克前旗城川镇西部，全村下辖 6 个自然社，村党支部共有 20 多名党员。在推进乡村治理中，黄海子村党支部创新方式，以“情是融化剂、理是连心桥”为口号，以“耐心听，找茬口；细心看，剥麻根；公心断，解麻团”为方法，推行“135+ 让一步”工作方法。“135+”即建强一个平台、强化三级联动、用好五种方法（带动法、自治法、法定法、选树法、引导法）。“让一步”指为时间让一步，直奔矛盾去，解决群众痛点；为诉求让一步，直奔问题去，解决群众难点；为感情让一步，直奔杂事去，解决群众怨点。截至 2022 年 8 月，通过“让一步”工作机制议事，全面实施重大事项民主表决工作方法，黄海子村共组织召开村级重大事务会议 22 次，讨论涉及疫情防控、为群众办实事、户改厕、返贫监测、草牧场土地确权、财务处置、低保年审和危房改造等议题 18 个，发放各种宣传材料 500 余份，入户排查 200 余户，成功化解矛盾纠纷案件 26 件，化解率达 100%，有效提高了乡村治理工作能力水平，为农牧民生产生活稳定发展提供了有力保障。

一 建强一个平台，提高服务效能

为打破传统矛盾纠纷调解“踢皮球”现象，黄海子村秉承让百姓省时、省心、省力的服务理念，建成标准化综治中心，提供“一站式”矛盾纠纷调解服务。综治中心组织多渠道联合调解，形成矛盾纠纷调解、诉讼服务、法律援助、信访调处、效果回访“五位一体”运行机制，构建了矛盾纠纷多元化解决方式。接到矛盾纠纷调解的申请后，村党支部和社会治理服务队根据实际情况，采取流动调解方式上门为百姓服务。调解过程中，为当事人当场制作调解协议书，使矛盾纠纷调解由分散式向“一站式”转变，推动矛盾纠纷在群众“最多跑一次”中解决，从而有效提升乡村治理水平，为和谐稳定发展提供坚强保障。

二 强化三级联动，注入共治新活力

按照强化基层基础原则，黄海子村划分责任，精心打造“一格两队”，建起镇、村、网格员三级联动的网格化社会治理体系，明确“包管理、包服务、包教育、包提高”的群众工作职责，提供个性化和全方位的服务，实现走村入户全到位、联系方式全公开、反映渠道全畅通、服务管理全覆盖，形成上下联动、条块结合、社会协同、公众参与的工作格局，为村民共治注入新活力。

细化村党组织网格化设置，构建起以“党支部—网格党小组—党员信息员—党员村代表—党员志愿者”为基本框架的组织体系。工作和生活在网格内的党员全被“网”进党组织管理，形成每格定人、每人定责的全覆盖党建工作网格。网格党小组注重普遍联系，党员每月进行1次普遍走访，实地了解群众的思想和生产、生活情况；网格党小组每月召开1次例会，分析梳理群众意见和建议，研究整改的对策措施。整合驻村第一书记、镇包村干部、村“两委”、片区民警和专职网格员力量，建立与网格相对应的，由村庄惠民便民服务员、社情民意调研员等组成的网格管理服务团队，变“单兵作战”为“组团作战、上下协同作战”，联合推进民生工程、联合化解矛盾纠纷、联合治理突出问题、联合创建平安文明乡村。

三 用好五种方法，提高群众满意度

一是带动法。推行“三链两设”，即“种养技能培训链、市场信息共享链、农畜产品销售链，设立有岗有责、有位有为”党建发展模式，发挥党组织战斗堡垒和党员先锋模范作用，不断壮大村级集体经济，带动农牧民增收致富。依托城川镇和陕西省榆林市定边县白泥井镇农畜产品交易市场，不断扩大经济农作物种植规模，提高产品科技含量和品质，全村辣椒、西瓜、南瓜和马铃薯等特色经济农作物种植面积达1.5万亩，以经济作物为主导的“一村一品”特色产业逐步成形。

二是自治法。按照村民自治章程制定村规民约，规范村民日常行为，全面实施重大事项民主表决。在涉及土地流转、草牧场土地确权、财务处置、低保年审和危房改造等重大议题上，组织召开村级重大事务会议，积极采纳群众意见，有效避免了村务管理中的决策失误，搭建了干群之间的和谐之桥。

三是法定法。开展群众性普法宣传活动，提升农牧民学法实效，村“两委”成员带头尊法学法守法用法。对脱贫户、流转承包经营权的农户、留守人员、农民工等群体，分类实施精细化普法，夯实法治乡村建设的群众基础。开展扫黑除恶等行动，推动社会治理法治化水平不断提升。近年来，黄海子村未发生一起违法犯罪行为。

四是选树法。全面提升村民的道德和文化素质，制定身边好人推选褒奖制度，引导村“两委”成员、老干部、老党员、村民代表等发挥示范作用，选树一批身边好人、道德模范、“好媳妇、好公婆、好邻居、好村民”、最美退役军人等先进典型，以好家风促村风、党风。打造具有本土特色、富有本土文化内涵的“黄海子”文化品牌，开展以“增强社会责任感，做现代文明农民”为主题的系列活动，强化国家意识、社会责任意识、民主法治意识，提高村民文明素质。

五是引导法。以草畜平衡、生态保护为核心，加大生态建设力度，健全生态系统休养生息制度，通过培育一批生态建设大户，探索一套适合当地的生态奖励补偿机制，激发农牧民建设和保护生态的积极性，促进草原生态有效恢复。截至 2022 年 8 月，黄海子村畜禽粪污综合利用率达 70% 以上，农作物秸秆利用率达 80% 以上，实现农业投入品包装等农业废弃物多样化高效利用。

点评

内蒙古自治区鄂尔多斯市鄂托克前旗城川镇黄海子村党支部推行党建引领乡村治理新机制，建立社会矛盾疏导和利益协调机制，在基层体制框架下推行制度化、流程化乡村治理机制，取得良好成效。该村建成标准化综治中心，提供“一站式”矛盾纠纷调解服务，强化镇、村、网格员三级联动的网格化社会治理体系，总结运用好带动法、自治法、法定法、选树法、引导法，有效提升了乡村治理水平，为中西部地区如何助推乡村治理提供了有益的借鉴。

第 8 章

增强推进乡村振兴合力

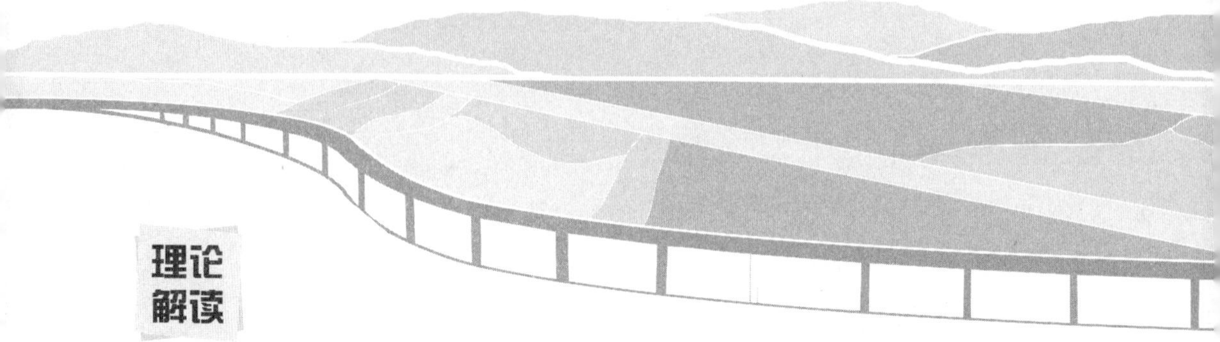

理论解读

习近平总书记指出："巩固拓展脱贫攻坚成果，全面推进乡村振兴，加快农业农村现代化，是需要全党高度重视的一个关系大局的重大问题。"①"推进中国式现代化，必须坚持不懈夯实农业基础，推进乡村全面振兴。……各级党委和政府要坚定不移贯彻落实党中央关于'三农'工作的决策部署，坚持农业农村优先发展，坚持城乡融合发展，把责任扛在肩上、抓在手上，结合实际创造性开展工作，有力有效推进乡村全面振兴，以加快农业农村现代化更好推进中国式现代化建设。"②全面推进乡村振兴，加快农业农村现代化，需要全社会共同参与，凝聚更大的合力。当前，动员各方力量参与推进乡村全面振兴所面临的问题主要是：在政府、市场、社会形成良性互动，发挥各自优势，精准对接乡村全面振兴方面，动员、激励机制仍不够完善，政策支持依然需要优化、加强等。

本章选取了4个典型案例，分别是：《甘肃富坪：东西部协作谱新篇》《湖南桑植：创帮扶新策沐春风雨露》《广东马头："千企兴千村"焕发乡村振兴活力》《河北海兴：到村带户合作创产业帮扶新模式》。这4个案例的共同经验主要包括：一是坚持党建引领，坚持党管农村工作，进一步压实地方各级党委的主体责任，高位推动，强化资源要素支持和制度供给，做好统筹协调。二是以实际需求为导向，以项目建设为抓手，以资源整合为保障，通过定点帮扶、东西部协作、对口支援、社会帮扶等机制，

① 习近平：《论"三农"工作》，中央文献出版社，2022，第1—2页。
②《中央农村工作会议在京召开》，《人民日报》2023年12月21日。

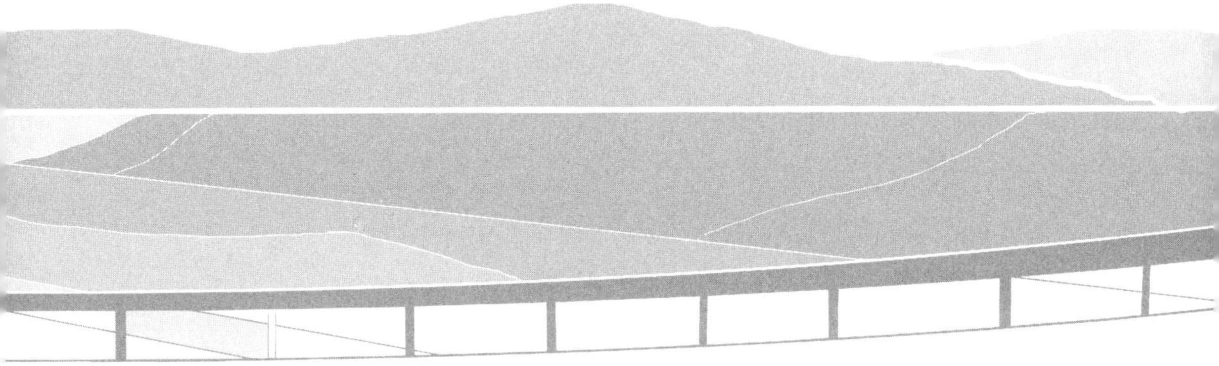

实施涉及教育、人才、就业、产业、民生等各领域的精准帮扶。三是注重扶贫与扶志、扶智相结合，摈弃传统的、简单的给钱给物方式，转而采取以奖代补、以工代赈等方式，改变人们的思想观念，增强脱贫地区和脱贫群众的内生发展动力。

从本章的这些案例，可以得到以下启示：一是必须加大宣传力度，凝聚社会共识，务必使全党全社会都充分认识到新发展阶段做好“三农”工作的重要性和紧迫性，切实增强全面推进乡村振兴的政治自觉、思想自觉、行动自觉。二是必须加强党对“三农”工作的全面领导，建立健全党管农村工作的机制，提高农村基层党组织建设质量，持续增强和发挥农村基层党组织在贯彻党的决定、领导基层治理、团结动员群众、推动改革发展等方面的战斗堡垒作用。三是必须坚持外力借助与内力激发相结合，帮扶者与帮扶对象之间的关系不应是“拿来主义”，也不应是单向的付出与回报，而更应是寻求资源共享、优势互补和共同提升。

学习借鉴这些案例的做法和经验时，要因地制宜，杜绝照搬照抄，应积极探索符合自身实际的发展路径，在各级党组织领导下，注重激发各方主体性，不断凝聚共识，为推进乡村全面振兴提供强大动力。

甘肃富坪：东西部协作谱新篇

导读

富坪村是甘肃省“7 · 22”岷漳地震灾后重建易地移民安置村，也是 2020 年国务院扶贫办确定的挂牌督战村。2021 年天津市实施“百村振兴计划”，会同甘肃省将富坪村确定为东西部协作乡村振兴示范村，依托富坪村资源优势与产业发展基础，累计投入各类帮扶资金 1060 余万元，通过做强日光温室产业、补齐教育医疗短板、开展广泛结对帮扶等举措，全力推进富坪村在巩固拓展脱贫攻坚成果同乡村振兴有效衔接工作中取得明显成效。

2021 年 12 月 26 日晚，央视《焦点访谈》栏目深度聚焦甘肃省白银市靖远县北湾镇富坪村防返贫、谋振兴工作，全面呈现了富坪村在巩固拓展脱贫攻坚成果同乡村振兴有效衔接工作中取得的成绩。2022 年初，听到天津市全力抗击新冠疫情的消息后，富坪村 1091 户村民自发捐献 18 吨爱心黄瓜和 3500 元现金，助力天津打赢新冠疫情阻击战，续写了东西部协作互帮互助的新篇章。

2020 年，富坪村这个“7 · 22”岷漳地震灾后的异地安置村因 12.13% 的贫困发生率被国务院扶贫办列为挂牌督战村。天津市深入贯彻落实挂牌督战工作部署要求，本着补短板、强弱项，保打赢、提质量的原则，投入各类帮扶资金 1060 余万元，采取做强日光温室产业、补齐教育医疗短板、开展广泛结对帮扶等举措，助力富坪村精彩出列，彻底摘掉贫困村的帽子。2021 年，天津市从“四抓四促”入手，全力推进富坪村防返贫、谋振兴工作。

一 抓产业，促农民增收

产业兴旺是乡村振兴的第一要务。在脱贫攻坚的过程中，天津市帮助富坪村兴建钢架无立柱式节能日光温室 875 座，扩建富坪村黄瓜交易市场，并对接天津科润黄瓜研究所在富坪村设立了黄瓜种植专家工作服务站，在富坪村建设较为完善的反季节设施以发展黄瓜产业。2021 年，为了满足富坪村的黄瓜产业需求，天津市继续投入财政帮扶资金 260 余万元，通过“农户自建，资金补助”的方式，新建蔬菜冷棚 341 座，发展蔬菜冷棚种植。蔬菜冷棚一方面弥补了暖棚土地轮休期的收入空白，另一方面也避免了因价格波动而出现的“菜贱伤农”现象，从 5 月至 10 月中旬种植冷棚蔬菜，154 户村民户均增收 6 万多元，纯利润 4 万元左右，老百姓心里乐开了花。现在富坪村老百姓不用政府再做工作，已主动建造蔬菜冷棚了。同时，天津市还抓住龙头企业这个“牛鼻子”不放松，积极招引产业关联度高、附加值高的农业企业参与乡村建设，延链强链，提质增效，专门引进青白（天津）农业科技有限公司在富坪村注册成立青白（甘肃）农业科技有限公司，推广天津科润黄瓜研究所和天津科润蔬菜研究所的优秀越夏黄瓜、甜瓜、萝卜等品种，为富坪村村民提供黄瓜种苗 5.2 万株，并提供农技服务。天津市帮扶富坪村产业链发展的“组合拳”，有力带动了富坪村村民增收，为巩固脱贫攻坚成果、全面推进乡村振兴奠定了坚实的基础。富坪村村民张秀说：“以前种粮食，挣不了几个钱。现在种了 2 个暖棚、1 个冷棚（的粮食），今年（2021 年）黄瓜价格好，算下来能收入 10 万元，赚得多，还没有以前那么累！”

二 抓技术，促品牌提升

2020 年 4 月，天津科润黄瓜研究所随天津市政府考察团到靖远县，与县政府签订了《黄瓜产业发展合作框架协议》，并在富坪村建立了黄瓜种植专家工作服务站。2021 年，天津市继续加大在富坪村的科技帮扶力度，投入科技专项资金 20 万元，挑选 3 座日光温室，筛选适宜当地土壤及蔬菜吸收的微生物肥、缓控肥、水溶肥等水肥一体化新技术、新产品、新设备，开展技术实验与示范，应用物联网科学化管理，为富坪村种植户提供技术指导，培育农民技术人才，达到提高农产品品质和种植户栽培技术水平、增加收入的目的。天津市农业科学院及天津科润黄瓜研究所先后派出农业技术专家、科技特派员 10 批 14 人次到富坪村提供人才服务和技术支持，在新品种引育、病虫害防治、品质提升等方面为村民提供指导。在富坪村委会里，有各类有关黄瓜新品种介绍及黄瓜栽培管理的材料和书籍供村民索取阅读。同时，定期举办黄瓜高产种植技术网络课程，技术人员直接到田间地头实地指导村民,解决村民种植过程中遇到的问题。在天津市技术专家的支持帮助下，富坪村种出的黄瓜条直、刺密、质优，口感爽脆，维生素多，含糖量高，打出了“花儿新村”精品黄瓜品牌。富坪村的黄瓜远销全国 20 多个省市，其品质和市场竞争力都有了保障，形成了黄瓜致富产业群。

三 抓重点，促民生改善

2021 年，根据天津市助力结对地区实施“百村振兴计划”工作方案，富坪村被选定为东西部协作乡村振兴示范村。天津市紧扣顶层设计、村容改善、教育医疗等重点工作，不断增强村民的获得感、幸福感和满足感。天津市依托先进规划理念和技术优势，邀请天津城投建筑设计有限公司的专家团队 5 次到富坪村实地考察，投入资金 12 万元，高水平编制靖远县北湾镇富坪村乡村振兴示范村规划方案，明确了“三路一广场，七园一庄一产业”的规划布局，擘画了富坪村乡村振兴蓝图。投入资金 300 万元，按照“以绿治乱，以绿亮村，以绿兴产”的思路，改建富坪村西郊公园与入村公园，增设标志性景观及入村导视牌，对靖白公路、富新路和村庄西路进行硬化拓宽与绿化改造。天津市和平区劝业场街道与北湾镇结对、林泉社区与富坪村结对，捐赠资金 10 万元将日光温室前废弃的停车场改造为现代农业产业园，并取名为“劝业广场”。投入教育专项资金 50 万元，为富坪学校配备“专递课堂”信息化设备 1 套、智慧黑板 15 个。投入资金 24 万元，为富坪村卫生院配备救护车 1 辆，满足病患的院前急救需求，避免村民“因病致贫、因病返贫”。在天津市的人力、物力和智力支持下，现在的富坪村四季有绿，三季有花，成了名副其实的“花儿新村”，孩子们可以远程同步参与天津市的课堂教学活动，村民们“小病不出村，大病不出县”，随处可见“村在林中、房在景中、人在画中”的美丽景象。

四　抓协调，促项目落实

防返贫、谋振兴，关键在人。天津市选派精兵强将投入帮扶一线，助力富坪村巩固拓展脱贫攻坚成果，推动乡村全面振兴。援派干部在走访调研时了解到村民有发展蔬菜冷棚的意愿，便第一时间与相关部门负责同志及村干部进行研讨。一些基层干部反映，东西部协作的项目安排、资金数额还没有经过协作双方商定，万一富坪村蔬菜冷棚项目没有纳入当年支持的项目的话，项目建不起来不说，还容易引发矛盾，等一切都确定下来再干不迟。当时援派干部的压力非常大，一边是部分百姓急切发展蔬菜冷棚想致富的心理，一边是基层干部害怕项目、资金没有保证，容易引发矛盾纠纷的担心。针对这种局面，援派干部作出了两方面承诺：一是积极争取、推动项目立项和资金支持，要确保项目建起来；二是协调天津市相关部门和企业提供冷棚建设的技术和蔬菜的种苗，以保护百姓致富增收的积极性。经过反复沟通对接，一批新的标准化冷棚于 2021 年 4 月初建成并投入使用，实现了当年谋划、当年建设、当年见效，让富坪村老百姓得到了实实在在的收益。

富坪村的变化只是天津市倾情帮扶下的一个缩影。2021 年至 2022 年 8 月，天津市在甘肃省推动实施帮扶项目 1766 个，推动共建园区 44 个，新增落地投产企业 183 家，帮助 8.53 万名农村劳动力就业，其中脱贫人口 7.09 万；在 28 个县设立防返贫保险，为 41.4 万户 170 余万人提供防返贫保障，已赔付资金 1485.95 万元，帮助 13.2 万脱贫人口远离返贫风险。特别是在甘肃省打造的 91 个东西部协作乡村振兴示范村，整合天津、甘肃两省市财政、社会资金等各方资源，累计投入财政援助资金达 5.34 亿元，重点实施改善乡村环境、强化民生保障和推动特色产业发展等项目 414 个，推动各示范村旧貌换新颜，切实巩固脱贫攻坚成果。

点评

在脱贫攻坚战取得全面胜利后，“三农”工作重心历史性地由脱贫攻坚转向全面推进乡村振兴的大背景下，党中央要求完善东西部结对帮扶关系，拓展帮扶领域，健全帮扶机制，优化帮扶方式，加强产业合作、资源互补、劳务对接、人才交流，动员全社会参与。天津市与甘肃省共同将富坪村确立为东西部协作乡村振兴示范村，从“四抓四促”（抓产业，促农民增收；抓技术，促品牌提升；抓重点，促民生改善；抓协调，促项目落实）入手，全力推进富坪村防返贫、谋振兴工作。在乡村振兴阶段，东西部协作的方式方法也面临转型，亟须转变原有给钱给物的模式，应以引进企业和引导产业发展为主，增强脱贫地区发展活力和脱贫群众内生动力，促进脱贫地区和发达地区密切交流合作。

湖南桑植：创帮扶新策沐春风雨露

导读

湖南省张家界市桑植县在精准扶贫过程中，针对贫困家庭学子，携手中国人民解放军第三三〇三工厂（简称“三三〇三工厂”）畅通“委培式”就业平台，在桑植县招收学生 191 名，其中建档立卡贫困户子女 71 人，累计安置就业 123 人。已毕业的 123 名桑植籍学员均分配到三三〇三工厂各个事业部工作，有的参加了如朱日和联合训练基地军事演习等重大军事活动装备维修保障工作，有的成长为工厂技术骨干和业务能手。

桑植县位于湖南省西北边陲，自 2014 年实施“雨露计划”职业教育补助项目至 2022 年 8 月，共计补助就读中高职的脱贫户及监测户子女 36769 人次，发放补贴 6837.7 万元。桑植县委、县政府切实扛牢精准扶贫主体责任，定位“高层次”，主动“走出去”，深化政校“就学 + 就业”联动机制，通过多轮深入沟通交流，形成军地“一站式”精准帮扶新模式，让贫困家庭学子乐享就学免费、就业分配直通车，有效实现了“一人就业、全家脱贫”的军地联动帮扶初心，既为军队培养了一批忠诚担当的人才队伍，又为老区脱贫作出了突出贡献，实现了军地联动、合作共赢的预期目标，谱写了鱼水情深的新序曲和新篇章。此外，桑植县委、县政府用活“好政策”，积极“引进来”，强化政校“免费 + 补贴”帮扶政策，通过为列入“雨露计划”帮扶的贫困家庭同步兑现“学费全免 + 雨露补贴”两个政策，让贫困家庭学子乐享“委培式”帮扶政策，既破解了贫困家庭学子就学难的问题，又解决了他们毕业后的就业难，“一体化”巩固了精准扶贫帮扶成效。通过“雨露计划”政策帮扶，扶出长效，形成常态，针对贫困家庭学子，畅通就学就业平台渠道，用好用足“雨露计划”政策资源，确保让贫困家庭学子既有优质教育资源，又有充裕生活保障，针对性、个性化、全过程培育国家需要的军工人才。

一 深化政校“就学 + 就业”联动，搭建“招工式”招生平台

桑植县委、县政府多次与中国人民解放军第三三〇三工厂深入工作对接、深度战略洽谈、深化机制联动，通过以工厂下属技工学校为“就学 + 就业”载体，每年面向被列入“雨露计划”帮扶的贫困家庭学子对口开展“招工式”招生，招生指标重点向桑植县倾斜。自 2015 年以来，桑植县委、县政府与三三〇三工厂多频次共同实地专题考察、交流帮扶经验，及时解决合作过程中出现的各种问题，为军地合作和有效帮扶铺平道路，让贫困家庭学子享受帮扶政策。

二 落实帮扶“免费 + 补贴”政策，畅通“委培式”就业平台

多年来，桑植县委、县政府全面推进贫困家庭学子“雨露计划 +‘招工式’招生”帮扶机制，精准落实“学费全免 + 雨露补贴”政策，携手三三〇三工厂畅通“委培式”就业平台，走出了一条就学就业帮扶的新模式，助力桑植县贫困家庭学子破解就学、就业难的问题，用实实在在的帮扶成效在桑植脱贫攻坚主战场上谱写了鱼水情深的崭新篇章。所有建档立卡贫困家庭学子在就读全过程享受“雨露计划”职业教育补助；对于顺利完成规定学业、取得毕业证书，考试考

核合格、符合入职要求的学生，给予工厂就业直通车合理安置，并根据相关政策和制度解决落户事宜；对于品学兼优的毕业生，积极推荐其到军事院校进一步深造。

三 探索打造“长效 + 常态”机制，助推“雨露式”人才培育

帮扶就要扶到底，扶出长效，形成常态，培育出“雨露式”人才。桑植县在精准扶贫过程中，发挥“一站到底”的作风，针对贫困家庭学子，一方面畅通就学就业平台渠道，另一方面用好用足“雨露计划”政策资源，确保让贫困家庭学子既有优质教育资源，又有充裕生活保障。截至 2022 年 8 月，三三〇三工厂已在桑植县招收学生 191 名，其中建档立卡贫困家庭子女 71 名，累计安置就业 123 人，有的参加了如朱日和联合训练基地军事演习等重大军事活动装备维修保障工作，有的成长为工厂技术骨干和业务能手。

点评

湖南省张家界市桑植县为解决好贫困的代际传递问题，协同中国人民解放军第三三〇三工厂打造“委培式”就业平台，在促进贫困户和脱贫户学子就业过程中发挥好企业作用，对标企业需求导向，让企业全过程全流程参与到受帮扶学子的成长成才过程中，使学子在校园内就感受到企业价值观念和社会帮扶温度。校企合作帮扶机制畅通了劳资双方供需渠道，体现了企业发展的社会效益，推动了受帮扶学子实现就业增收，成为多方合力全面推进乡村振兴过程中的有效方式之一。

广东马头：“千企兴千村”焕发乡村振兴活力

导读

广东省韶关市新丰县马头镇在帮镇扶村工作队帮助下，按照“自主自愿、就近结对、结合实际、互惠共赢”的原则，组织村企结对帮扶；将“千企兴千村”行动与乡村振兴工作结合推进，引导帮扶企业通过产业发展助力乡村振兴；立足镇情、民情，围绕村美民富产业兴的目标，积极探索土地、宅基地、林地“三地”承包租赁、流转经营的发展新路子，努力盘活村集体经济，提高村民收入。“千企兴千村”行动组织动员各类企业帮扶产业特色村、经济落后村和革命老区村，实施镇企、村企结对帮扶，助力马头镇实现全面乡村振兴。

中共韶关市委办公室驻韶关市新丰县马头镇帮镇扶村工作队自2021年7月参与帮扶工作以来，积极推动各项帮扶工作落到实处，协助镇党委、政府在全镇范围内开展“千企兴千村”行动，形成“一企兴一村、一企兴多村”的帮扶局面。马头镇以“千企兴千村”行动为载体，成功推动辖区26家企业与30个行政村紧密对接，深入开展“一企兴一村、一企兴多村”结对帮扶，各帮扶企业均已与结对村通过产业帮扶、就业帮扶、消费帮扶、捐助帮扶等方式深入对接。镇村积极支持企业进行土地流转，发展现代农业，帮助企业解决用工需求。通过“党建 + 攻坚”、村委托管等方式，马头镇推动水背村、罗陂村、板岭下村流转近 600 亩撂荒地、荒废水田给结对帮扶的本地农业企业，吸纳当地村民种植红薯、水稻、药材等，在解决土地撂荒问题的同时，不断盘活现有碎片化土地资源，推动农业产业规模化发展。

一 推动结对帮扶，增强发展动力

一是凝聚多方力量，开展结对帮扶。帮镇扶村工作队与马头镇政府共同制定了《马头镇“千企兴千村”行动工作方案》，依托马头循环经济产业园、深圳市农科集团等企业资源优势，驻镇工作队凝聚多方力量，积极协助镇党委、政府及县直部门，鼓励支持一批镇内外有关企业“连片包镇”，与各村结对帮扶。

二是深入村企对接，实现互利共赢。帮镇扶村工作队会同马头镇政府，通过整合现有资源，结合所帮扶村的特色产业发展方向，对接企业的人才、技术、资源等优势，加强村企横向联合，推动产业纵深发展。

三是发挥企业优势，带动就业增收。村企结对帮扶过程中，始终坚持宜农则农、宜工则工、宜商则商，大力发展特色产业和种植、养殖业，培育主导产品，提高特色产业综合效益。

二 盘活资源资产，挖掘发展潜力

一是变“废”为宝，发展绿色循环经济。以“政府主导、企业带动、农户参与、市场运作”为原则，充分发挥党组织领导核心作用，驻镇工作队队员分别与福水村、军一村、军二村、军三村、湾田村和层坑村等村党支部做好沟通联络，积极同“一企兴一村、一企兴多村”结对帮扶单位——韶能集团新丰旭能生物质发电有限公司对接，多次实地勘察洽谈，促进结对帮扶双方的交流合作，协调推动探索秸秆综合利用机制。

二是变“荒”为宝，推动土地复耕复种。帮镇扶村工作队积极协同马头镇政府，通过实地调研，与村“两委”干部座谈等方式，全面了解当地发展需求，因地制宜开展撂荒地整治工作，并进行土地流转以复耕复种。

三 通过土地流转，激发发展活力

马头镇积极探索土地流转方式，充分激发土地活力。截至 2022 年 8 月，马头镇已同结对帮扶企业深圳市农科集团有限公司（简称“深圳市农科集团”）签订土地流转合同，累计流转 3680 亩土地。8 个村党组织帮助深圳市农科集团进行土地流转，每年每亩获得 50 元流转协管费，预计有 7 个村庄新增集体收入 3 万元以上，强化了村集体的造血功能；村民出租闲置土地，每年获得几千元至几万元不等的租金收益，同时从土地上完全解放，增加了外出务工的劳务所得，实现了“支部有作为、集体有收益、群众得实惠”，村级集体经济和村民收入双增收、村级组织和企业双获利。

马头镇作为新丰蔬菜产业园的核心区，近年来已通过土地流转，培育了新丰县城丰蔬菜贸易有限公司、新丰县万鸿农产品开发有限公司等本地省级农业龙头企业，吸引了深圳市农科集团等大型国有农业龙头企业，通过动员这些农业龙头企业开展“一企兴一村、一企兴多村”结对帮扶，优先流转结对帮扶村土地，优先吸纳结对帮扶村村民就业，有效带动周边了村民就业增收，已有 500 多户周边农户实现家门口就业。

点评

广东省韶关市新丰县马头镇开展的“千企兴千村”行动充分调动政府、企业等多方力量，坚持以党建为引领，推动以工促农、以农服工、工农互补，引导和鼓励企业利用产业帮扶、就业帮扶、消费帮扶、捐助帮扶和文化帮扶等形式，因地制宜、因企制宜，将企业的资本、技术、管理、人才等优势与结对帮扶村的土地、劳动力、生态及特色资源等有机结合，做到了资源共享、优势互补、共同提升。通过加强产业培育，盘活资源资产，完善农村基础设施等措施，从根本上激发经济落后村的内生动力，增加农民收入，提高农民的生活水平，改善农村人居环境，提升群众的获得感、幸福感。

河北海兴：到村带户合作创产业帮扶新模式

导读

国家信访局一直以来把帮助支持河北省沧州市海兴县发展产业放在定点帮扶工作重要位置，将其作为强县富民的重要抓手。首先，积极指导海兴县按照产业发展资金政策要求，突出“到村带户、合作共赢”理念，培育壮大特色产业，优化联结带户机制，让更多农户分享乡村产业振兴的收益。其次，帮助引进农业产业领军企业，培育新型农业经营主体，打造农业产业发展平台，带动小农户对接大市场，进一步提高特色农业的集约化、专业化、组织化水平。最后，通过健全监督监管机制、完善利益联结机制，充分调动企业和农户的积极性、主动性、创造性，推进农业产业健康可持续发展。

海兴县位于河北省东南部。截至 2021 年底，全县从事生猪、肉蛋鸡等养殖的农户 5000 户以上，但都是一家一户的分散经营，成本高、利润低、有风险。全县尽管实施了一些桃、梨等种植项目，但因利益联结机制不完善，不能真正发挥带动作用。全县没有一家规模较大、标准化高的农业产业龙头企业。为彻底解决这一问题，巩固拓展脱贫攻坚成果同乡村振兴有效衔接，2021 年 4 月，国家信访局积极组织协调，联合海兴县组成考察组，由驻县挂职帮扶干部带队，先后到内蒙古自治区敖汉旗、河北省隆化县、天津市西青区进行考察调研和参观学习。在总结学习异地成功经验、分析本地实际情况的基础上，海兴县与君乐宝乳业集团股份有限公司（简称“君乐宝乳业集团”）反复接洽，达成了合作意向。2021 年 9 月，海兴县与君乐宝乳业集团下属的河北乐源牧业有限公司正式签订共同建设总投资 1.3 亿元、规模 3000 头的奶牛养殖项目协议书。项目建成后可带动全县 84 个脱贫村及全县 6533 名脱贫人口和 666 名易返贫致贫人口稳定增收。

二 整合下放、折股量化，推动产业帮扶到村带户，有效扩大参与主体覆盖面

一是加强顶层设计，健全产业发展政策体系。国家信访局参与制定《海兴县“十四五”发展特色产业巩固脱贫成果规划》《2021 年海兴县巩固提升农业特色产业工作方案》《海兴县 2021 年奶牛养殖项目实施方案》等 8 个配套工作方案，全面推进特色产业发展，使海兴县形成“种养加”全面开花的产业发展格局，实现全县 84 个脱贫村特色产业覆盖率 100%、全部建档立卡脱贫群众产业覆盖率 100%。

二是强化统筹整合，提高涉农整合资金使用效益。2021 年，国家信访局指导海兴县安排涉农整合资金 5980.1 万元发展产业帮扶项目，占全部整合资金的 61.68%，比 2020 年提高 9.79 个百分点。安排产业资金 7760 万元，其中整合资金 4950 万元，回收、帮扶、盘活存量资金 2810 万元，与君乐宝乳业集团合作，实施总投资 1.3 亿元、占地 260 亩、规模 3000 头的标准化奶牛养殖项目，项目收益可保证脱贫村、脱贫户及易返贫致贫户 15 年稳定增收。

三是促进群众增收，完善利益联结分配体系。引导产业帮扶资金分配严格落实《河北省财政衔接推进乡村振兴补助资金管理办法》，按照支持有脱贫人口的村发展村级集体经济的原则，将 2021 年度 7760 万元产业资金根据全县脱贫户数量予以平均量化，再结合各村现有脱

贫户数计算出应分配资金数额，整合下放到有脱贫人口的193个村，相关村利用到村产业资金投资建设奶牛养殖项目。项目实施企业通过县帮扶收益账户，按照各村集体所持资金、资产比例，折股量化后将分红收益分配到各村集体，该分红主要用于有劳动能力脱贫户、监测户公益岗位和无劳动能力脱贫户、监测户的生活补助，以及发展村集体经济，实现到村资金获得相应收益、村级发展带动群众增收的目标。

二 参股投放、统一建设，打造融合发展产业平台，开启特色产业帮扶新模式

一是从分散到集中，打造产业发展新引擎。海兴县标准化奶牛养殖项目计划年产鲜奶1万吨，鲜奶品质达欧盟标准，养殖粪污全部实现能源化、资源化利用，预计年收益达1200万元，收益率超过6.1%。国家信访局积极倡导组织村集体将到村产业资金转变为股份，委托投放到县级帮扶产业开发平台——海兴县益民扶贫开发产业有限公司（简称“益民公司”）进行统一建设、经营、管理，获取收益。通过到村带户模式，保障脱贫村、脱贫户及监测户15年的稳定持续增收，彻底解决了产业项目“一股了之”的不足。

二是从单兵到合作，注入产业发展新动能。国家信访局帮助引入君乐宝乳业集团，由益民公司与君乐宝乳业集团合作，双方共同出资成立海兴县君益牧业有限公司（简称“君益公司”），益民公司占股77.5%，君乐宝乳业集团占股22.5%，建设经营标准化奶牛养殖项目，充分借助君乐宝乳业集团的资本优势、市场优势、管理优势和技术优势，带动县域特色农牧产业持续健康发展。

三是从联合到融合，激发产业发展新活力。海兴县标准化奶牛养殖项目每年需要2万吨以上的优质青贮饲料，可以带动玉米种植6000亩以上，帮助周边农户每亩增收50元以上。该项目的实施，推动企业与当地及周边农户建立了稳定的合作关系，为青贮饲料等提供了可

靠的销售渠道并提高了其销售价格，可有效促进农民增收、农业增效。同时，通过参与经营，培养县、乡、村三级经营人才，为今后多层面发展特色产业、开拓市场积蓄力量。

三 合规经营、利益共享，促进产业发展多方共赢，有效增强利益联结内生力

一是坚持项目监管重点化，确保项目合规经营。国家信访局指导海兴县农业农村局、相关村集体及益民公司三方签订《海兴县 2021 年奶牛养殖项目委托实施及监管协议》，除重大股权变更、企业清算等特殊情况外，村级不直接参与经营管理，由企业实行公司化运营。严格履行县、乡、村三级公示和监管制度，益民公司每月提交一份项目建设情况报告；项目建设完成后，由第三方对项目进行审计，确认各村资产权益，并计入台账；项目正式运营后，每年对企业进行一次年中审计；益民公司每季度提交一份项目运营情况报告，由相关部门将报告转发给各村集体保存管理并跟踪信息，发现问题及时反馈并立行立改。

二是坚持收益分配效益化，充分调动各方积极性。根据协议方案的规定，益民公司通过君益公司所得年度分红低于 6.1% 时，益民公司不提取年度委托管理费，将分红资金全部汇入县专项收益账户；所得年度分红超过 6.1% 时，实行激励机制，益民公司按照超出部分的 60% 提取年度委托管理费，其余分红资金全部汇入县专项收益账户。同时执行约束机制，每 5 年进行一次收益核算，5 年平均收益率不能低于 6.1%，不足部分由益民公司补齐。

三是坚持产业发展区域化，实现健康持续发展。海兴县政府采取专项投入和龙头培育，发展壮大奶牛养殖产业，形成新的区域特色产业集群和增长极，促进强县富民。企业借助产业资金新上项目，扩规经营，从中获利，提升效益。村级参股投资，壮大集体经济，改善民

生。群众依托项目，通过土地流转、务工就业、种植青贮饲料、提供服务等方式增收，真正实现政府兴业、企业获利、村级发展、群众受益、多方共赢的特色产业发展目标，有效巩固拓展脱贫攻坚成果，推动乡村全面振兴。

点评

国家信访局在定点帮扶河北省沧州市海兴县发展特色产业的过程中，立足当地资源优势和区位优势，锚定奶牛养殖产业提质升级，促进县域经济发展和农牧民增产增收。国家信访局在产业扶持过程中突出融合发展重点，参股投放、统一建设，帮助引进农业产业领军企业，培育新型农业经营主体，打造农业产业发展平台，带动小农户对接大市场，进一步提高特色农业的集约化、专业化、组织化水平。打造融合发展产业平台，开启特色产业帮扶新模式，真正实现政府兴业、企业获利、村级发展、群众受益、多方共赢的特色产业发展目标，有效巩固拓展脱贫攻坚成果，全面推进乡村振兴。

后　记

《蝶变：乡村振兴典型路径》和已于今年5月出版的《问策中国乡村全面振兴》是相互独立、相互支撑的一套书，后者重在理论阐释，前者为后者提供典型案例支持。两本书构成了学习领会、贯彻落实党的二十大对乡村振兴战略作出新部署的理论解读和实践支撑。相信本书的出版，既可以展现近年各地推进乡村全面振兴的丰富实践，也可以以典型案例帮助读者更好地理解《问策中国乡村全面振兴》一书的理论阐释。

乡村振兴战略，是以习近平同志为核心的党中央统筹国内国际两个大局，坚持以中国式现代化全面推进中华民族伟大复兴，对正确处理好工农城乡关系作出的重大战略部署。《蝶变：乡村振兴典型路径》《问策中国乡村全面振兴》两本书创作的共同点是都以乡村振兴为主题，以党的二十大精神和习近平总书记关于“三农”工作的重要论述为指导，以中国式现代化为主线，紧扣全面落实、深刻领会、准确把握党中央关于全面推进乡村振兴的决策部署。

《问策中国乡村全面振兴》通过11个问题，以问答的方式、结合新时代乡村振兴的实际进行阐释和解读。实际上是深入阐述了新征程上全面推进乡村振兴的方方面面，有助于读者更全面、准确、完整地理解和把握党的二十大关于乡村振兴战略部署的理论内涵和实践要求。

《蝶变：乡村振兴典型路径》以40个生动展示我国建

设农业强国、加快推进农业农村现代化、推进乡村全面振兴进程中的典型事例，讲述了各省（区、市）实施乡村振兴战略中有特色、有亮点、有成效的做法，旨在帮助广大读者更深入理解《问策中国乡村全面振兴》一书中所阐述的乡村全面振兴的各个方面。

《蝶变：乡村振兴典型路径》是按照通俗理论读物的定位而创作的，全书力求表述生动、鲜活、通俗，具有针对性、指导性、权威性、理论性、可读性等特点，适合广大党员干部阅读。书中所选取的案例主要来源于中国乡村振兴发展中心 2022 年度向全国征集的乡村振兴典型案例、"雨露计划"案例和帮扶产业案例，以及 2022—2023 年前沿热点问题案例、中国乡村振兴发展中心案例库项目案例等。本书对选入的每个案例作了点评，对巩固拓展脱贫攻坚成果、拓宽农民增收致富渠道等 8 个类型的案例分别进行分析，总结了每类案例所解决的问题、相关做法和启示、可以学习借鉴的经验等。

在本书写作出版过程中，我的同事苗猛、胡启东和有关同志为案例征集、选取做了大量工作，广西人民出版社的梁凤华主任、覃结玲编辑精心编辑了本书，在此对他们以及为本书提供案例的有关省（区、市）乡村振兴部门的同志，一并表示衷心感谢！也感谢我的家人、同事、朋友一如既往的理解和支持。

本书如有不妥之处，敬请批评指正。

黄承伟

2024 年 10 月